仕事ができる人の話し方

元NHKキャスター
コミュニケーションコンサルタント
阿隅和美

青春出版社

はじめに――これからの時代、「対面」「オンライン」どちらもうまく話せる人がチャンスを手にする

新型コロナウイルスをきっかけに、あらゆる分野でデジタル化が急速に進む中、働き方もコミュニケーションの取り方も、多様に変化しています。

これまで日本では「空気を読む」「言わなくても察する」コミュニケーションが主流でした。しかし、ニューノーマルの時代には、それでは伝わりません。**特にオンラインでは、自分の思いや考えをしっかり言葉にして、相手が受け取りやすく伝えるスキルが今まで以上に**求められます。

私は、NHK衛星放送キャスターを10年、ほかにTBSやCBCなどでスポーツ、情報番組などトータル20年近いアナウンサーの仕事を経て、現在は、話し方、プレゼンテーション、コミュニケーションの研修やトレーニングを行っています。これまで1万5000人以上のビジネスパーソンに指導をしてきました。テレビは、まさに画面越しの伝え方、

話し方の宝庫。おかげさまで、アナウンサー時代に学んだ話し方は、対面、オンライン両方に役立つと実感しています。

とはいえ、話すことを仕事としてきた私でも、うまく伝えるのは難しいと思うことが少なくありません。だからこそ、うまく伝わらないもどかしさや後悔を、伝わる感動や喜びに変える方法を知りたい、その方法を分かち合いたいという一心でこの仕事を続けてきました。

そして、テレビ現場で学んだ実践的な話し方をもとに、10年にわたりビジネスパーソンのご指導を続ける中で、少しずつ成果を上げる再現性の高い方法を言語化してきました。

おかげさまで、受講者の方々から、話し方を少し変えただけで相手の反応が変わった、人前で話すことが楽しくなった、仕事がうまくいった、やりたい仕事に就けた、思い描いた未来になった、といったうれしい報告が届いています。

そんな中、新型コロナウイルスの影響で、一時は、対面での研修や講演のキャンセルや延期が相次ぎました。しかし、オンラインに切り換えることで仕事を再開できました。オンラインによって全国各地からセミナーに参加してもらえて、新しいつながりや発見もありました。**オンラインは、対面の代用ではなく、それぞれに良さがある**と感じています。今後も対面、オンラインの両方の活用が進んでいくでしょう。

そこで、これまでの経験から体系化した、うまくいく話し方のセオリーをベースに、「**対面でも、オンラインでも両方で活用できる方法**」を、できるだけ身近なビジネスシーンに置き換えてお伝えしたのが本書です。

きっと、この本を手に取ってくださった方は、もっとうまく話したい、相手とスムーズにコミュニケーションを取りたい、という意識が高い方だと思います。

これからの時代はますます、**対面、オンラインどちらもうまく話せる人がチャンスを手にしていきます**。

どうぞ、本書をヒントに、対面、オンラインで話し方を上手に使い分け、職場やお客様と良好な関係をつくりながら、ご自身の可能性を広げていただけたらうれしいです。

仕事ができる人の話し方　目次

第2章 できる人の「話の引き出し方・盛り上げ方」

引き込まれる営業トーク その気にさせる商品説明 うまい切り返し……

第3章 できる人の「大事なことをしっかり伝える」話し方

会議・プレゼンでのイメージ話法
説得力が出る商談テク
視線の使い方……

第4章 できる人の「聞き上手」な話し方

第5章

セミナー・説明会での誘導トーク
若手が伸びる指示の出し方
緊張しないスピーチ……

できる人の「場をコントロールする」話し方

「索引」から、いま知りたい話し方を探すこともできます。

見出しで、どういうケースにおける、どういうテクニックかを端的に示しています。

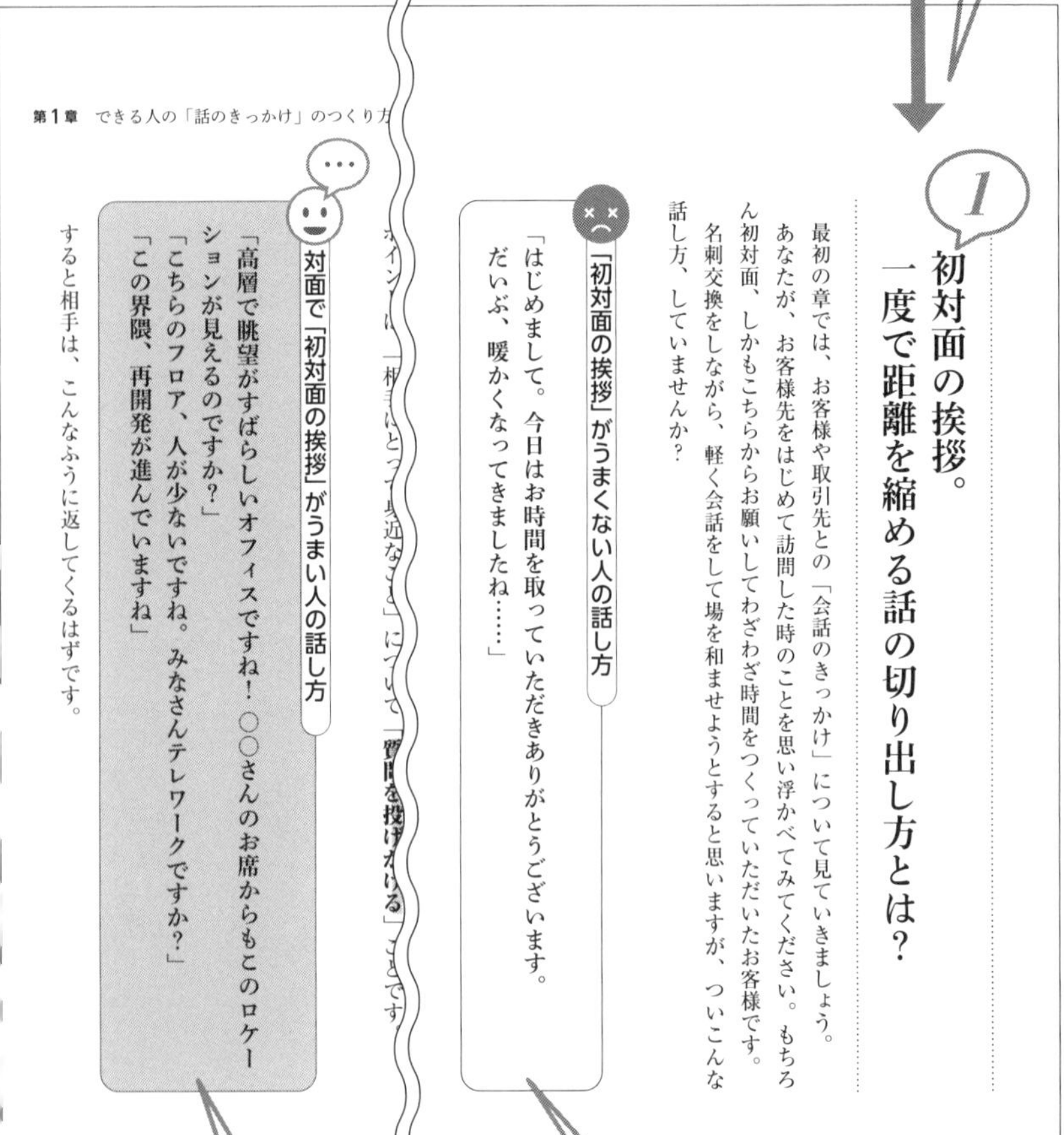

1

初対面の挨拶。一度で距離を縮める話の切り出し方とは？

最初の章では、お客様や取引先との「会話のきっかけ」について見ていきましょう。

あなたが、お客様先をはじめて訪問した時のことを思い浮かべてみてください。もちろん初対面、しかもこちらからお願いしてわざわざ時間をつくっていただいたお客様です。名刺交換をしながら、軽く会話をして場を和ませようとすると思いますが、ついこんな話し方、していませんか？

「初対面の挨拶」がうまくない人の話し方

「はじめまして。今日はお時間を取っていただきありがとうございます。だいぶ、暖かくなってきましたね……」

対面で「初対面の挨拶」がうまい人の話し方

「高層で眺望がすばらしいオフィスですね！　○○さんのお席からもこのロケーションが見えるのですか？」

「こちらのフロア、人が少ないですね。みなさんテレワークですか？」

「この界隈、再開発が進んでいますね」

すると相手は、こんなふうに返してくるはずです。

18　19

○ 同じケースで、対面《リアル》の場合にうまくいく話し方例を、その理由とともに解説しています。

× そのケースにおける、多くの人がつい口にしてしまいがちなＮＧの話し方例を、その理由とともに解説しています。

[本書の使い方]

[困った時にすぐ引ける！ ビジネスシーン別索引]
※本文の見出しとは必ずしも一致していないものもあります。

巻末(266～269ページ)に、ビジネスシーンごとに本書のテクニックを分類した「索引」を載せています。

オンラインで「初対面の挨拶」がうまい人の話し方

「御社でもテレワークですか？　週に何回出社ですか？」
「オンラインは、結構利用されていますか？」
「そのオンライン用の壁紙、御社のロゴマークが入っているんですね」

リモートワークのような働き方スタイルはまだ新しいですし、相手もいろいろと勉強したり、興味関心も大きかったりしますから、盛り上がる会話の「鉄板ネタ」と言えます。

ンにせよリアルの場にせよ、天気ネタや時事ネタよりも、「相手にとって身近な話を始めるのが一番です。肩の力を抜いていきましょう。

POINT!
対面では、
相手の職場や働き方に関する質問をし
オンラインでは、
リモートワークについて質問をする

22

最後に、対面・オンライン、それぞれのポイントを端的にまとめています。

同じケースで、オンラインの場合にうまくいく話し方例を、その理由とともに解説。対面の場合とは話し方が違ってくることに注目です。

ＤＴＰ・図版作成／エヌケイクルー
著者エージェント／アップルシード・エージェンシー
https://www.appleseed.co.jp/

第1章

初対面での話の切り出し
すべらない雑談
会議・セミナーのつかみ
……

できる人の「話のきっかけ」のつくり方

1 初対面の挨拶。一度で距離を縮める話の切り出し方とは？

最初の章では、お客様や取引先との「会話のきっかけ」について見ていきましょう。あなたが、お客様先をはじめて訪問した時のことを思い浮かべてみてください。もちろん初対面、しかもこちらからお願いしてわざわざ時間をつくっていただいたお客様です。名刺交換をしながら、軽く会話をして場を和ませようとすると思いますが、ついこんな話し方、していませんか？

「初対面の挨拶」がうまくない人の話し方

「はじめまして。今日はお時間を取っていただきありがとうございます。だいぶ、暖かくなってきましたね……」

超定番とも言える「天気ネタ」ですが、相手によっては「そうですね」「暖かいですね」程度の返事で、そこで会話が終わってしまいます。あまり話すのが得意でない相手や、忙しくて時間がない相手ならなおさら。商談に入る前に、気まずい沈黙が続く……なんて事態は避けたいものですよね。

では、会話のきっかけづくりがうまい人だったらどうするでしょうか？

ポイントは、**「相手にとって身近なこと」**について**「質問を投げかける」**ことです。

対面で「初対面の挨拶」がうまい人の話し方

「高層で眺望《ちょうぼう》がすばらしいオフィスですね！　○○さんのお席からもこのロケーションが見えるのですか？」

「こちらのフロア、人が少ないですね。みなさんテレワークですか？」

「この界隈、再開発が進んでいますね」

すると相手は、こんなふうに返してくるはずです。

(自分「○○さんのお席からもこのロケーションが見えるのですか?」)
相手「いいえ、私の席からは資料の山しか見えません」
自分「あはは、そうですか。それにしてもすばらしい眺《なが》めで、思わず見入ってしまいました」

(自分「みなさんテレワークですか?」)
相手「ええ、出社率50%以下に制限されています」
自分「そうなのですね。それでは、今日○○さんにこうしてお目にかかれるのは本当に貴重な機会です。お時間をいただき本当にありがとうございます」

(自分「再開発が進んでいますね」)
相手「ええ。馴染《なじ》みの店がなくなってさみしいところです」
自分「そうですか。改札を出たら風景が変わっていたので驚きました」

こんなふうに、会話が自然に盛り上がっていきます。

逆の立場で、あなたの会社に誰かが訪ねてきたと想定しましょう。そんな時、自分の会社や働き方のこと、近所のことを聞かれたら、思わず教えてあげたくなりませんか？

自分が知っていることですから、ペラペラと饒舌《じょうぜつ》になる人もいるかもしれません。それと同じで、「相手にとって身近なこと」を「質問する」ことで、相手に多く話してもらうことができるのです。

初対面の相手との会話で何より大切なのは、「**心の距離を縮める**」こと。

それには、こちらが一方的に話すのではなくて、何度も〝会話のキャッチボール〟を重ねることです。コミュニケーションの世界では、「**30秒で1往復**」**の会話より、**「**15秒で3往復**」**の会話のほうが、早く関係が深まる**と言われています。そのためには、相手にとって身近なことを〝質問ボール〟にして投げ、それが返ってきたら、また〝質問ボール〟にして投げ返す。これを繰り返すようにするといいのです。

＊

一方、オンラインで「初対面」の場合はどうでしょうか？

相手にとって、最もホットで「身近な話題」と言えば、やはりリモートワークのことでしょう。

オンラインで「初対面の挨拶」がうまい人の話し方

「御社でもテレワークですか？　週に何回出社ですか？」
「オンラインは、結構利用されていますか？」
「そのオンライン用の壁紙、御社のロゴマークが入っているんですね」

リモートワークのような働き方スタイルはまだ新しいですし、相手もいろいろと勉強したり、興味関心も大きかったりしますから、盛り上がる会話の「鉄板ネタ」と言えます。

オンラインにせよリアルの場にせよ、天気ネタや時事ネタよりも、「相手にとって身近なこと」から話を始めるのが一番です。肩の力を抜いていきましょう。

POINT!

対面では、相手の職場や働き方に関する質問をし
オンラインでは、リモートワークについて質問をする

2 商談前に場を温める、すべらない雑談の法則

例えばあなたがお客様だったとして、訪問相手にいきなりこんなふうに話を始められたらどう思いますか？

「雑談」がうまくない人の話し方

「本日はよろしくお願いします。
早速ですが、こちらが本日ご紹介するサービスのパンフレットです。
では、ご説明をさせていただきます」

内心、「たしかに商談をしにきたのはわかるが、雑談もなく、いきなりか……」と思うに違いありません。違和感を抱きつつも我慢して話を聞き続けるでしょうが、この相手と積極的に取り引きしたいとは思わないはずです。

雑談がうまくない人は、こんなふうに何を話していいかわからず、すぐに商談に入ってしまう傾向があります。

百戦錬磨の敏腕営業パーソンなら、いつでも誰とでも速攻で打ち解ける雑談術を持っているでしょうが、営業に不慣れだったり専門職の方だったりすると、「自然な雑談をしろ」と言われても、悩んでしまいますよね。

そこで私がおすすめする「すべらない雑談」テクニックがあります。

それは、**自分が「インタビュアー」になったつもりになること**。特に、その人の仕事のことや、パーソナルなことをいろいろとインタビューするのです。

対面で「雑談」がうまい人の話し方

「岩田さんは今の部署は長いのですか?」

「林さんが担当されているサービスはどんな内容ですか?」

「瓶子《へいし》さんという名字、珍しいですね。どちらのご出身ですか?」


この時、**名刺交換で確認した相手の名前を会話の中に入れる**と、より効果的です。あとは自然に相手が話してくれて、雑談は勝手に盛り上がるでしょう。

　このインタビュー方式の一番の〝狙い〟は、その人自身のことを聞くことで、**「私は、あなたにとても興味がある」という気持ちを表明すること**です。人間は誰でも、自分のことや、自分が興味関心を持っていることに注目をされたらうれしいものです。SNSで「いいね！」がつけられたらうれしい気持ちになるのと同じです。

＊

　一方、オンラインの場合は、通信上の影響で少し音がズレたりするので、会話をポンポンと弾ませるのは難しいものです。そうした環境も踏まえて、私がおすすめするのは、**「会えた喜び」を伝えること**です。

オンラインで「雑談」がうまい人の話し方

「はじめまして。
メールをいただきありがとうございます。
○○さんにお会いできるのを楽しみにしていました！」

「はじめまして。
○○さん、お時間をいただきありがとうございます。
本日のミーティング、とても待ち遠しかったです！」

こんなふうに「会えた喜び」を表現するだけで、「私はあなたにとても興味がある」ということを相手に伝えることができるのです。

とにかく、相手に興味を示すこと。相手をもっと知りたいと思うこと。雑談に自信がない方でも、この姿勢で臨めば、相手もあなたに興味を持ってくれるはずです。

POINT!

対面では、相手のパーソナルなことをインタビューし
オンラインでは、「会えた喜び」をひと言伝える

Column 1

できる人のワンランク上の雑談テクニック

前項でお話ししたように「インタビュアーに徹する」だけでも相手に好印象を持ってもらうことはできますが、さらに「この人、タダ者ではない！」と思わせたいなら、**「相手にカスタマイズした雑談ネタ」を仕込んでおくこと**をおすすめします。

「カスタマイズした雑談ネタ」とは、相手の会社のホームページはもちろん、相手の仕事に関連するニュース記事、雑誌、書籍に目を通し、気になるところをメモしておくのです。

また、相手の会社の商品やサービスを実際に使ってみるのもいいでしょう。

例えば、相手が広報部の人だったら、

「ちょうど先日、雑誌で御社の社長のインタビューを拝見しました」

と記事の感想を言ってみる。

商品開発部の人なら、

「御社のハンドクリームを愛用させていただいています。おかげで冬も乾燥知らずでしっとりです」

と使い心地を伝える。

たったこれだけのことで、相手は「この人は、こんなに興味を持ってくれているのか！」と感心してもらえるはずです。

実はこれ、私がアナウンサー時代に実際に学んだことでもあります。

トーク番組で、ゲストのことをあまりよく調べずにいきなり本番でトークをしたら、どこかぎくしゃくしてしまい、番組も盛り上がらない……なんて失敗がありました。

しかし、「これではいけない」と、例えばミュージシャンがゲストなら、これまでの音楽作品はもちろん、インタビュー記事などを総ざらいした上で、リハーサルの合間にその感想を伝えたり、気になったことを質問したりしました。

「ニューアルバムの◯◯という曲の〝あなたは～のままでいい〟というフレーズ、つい口ずさんでしまうんですよね。

頑張りすぎちゃう自分に寄り添ってくれる優しい曲だなと感じました。仕事で落ち込んでいる時に癒やされます」

ゲストも、「アルバムを全部聞いた上で、この人はインタビューしている」とわかれば、気持ちよく話してくれますし、一段深く掘り下げた「ここだけの話」をしてくれるのです。

たしかに、記事を探したり、商品やサービスを試したりするのは、手間ヒマかかります。ひょっとしたら、相手はそんな努力をしていたなんて気づいてくれないかもしれません。それでも手間ヒマかけたぶんだけ、相手には言葉以上の「想い」が伝わるものなのです。

POINT!

あなた（あなたの会社）をもっと知りたい！という気持ちを伝える

3 お客様がつい振り向く、飛び込み営業のきっかけトーク

携帯電話のショップで順番待ちをしていると、インターネット接続プロバイダーの乗り換えサービスをすすめられることがあります。家にも営業電話がかかってきますし、セミナー中に飛び込み営業の方が来たこともありました。そこで、決まって言われるのがこのフレーズです。

「飛び込み営業」がうまくない人の話し方

「あの、ちょっとお時間いいでしょうか？　今キャンペーン期間で、電話とインターネット回線をおまとめしてお安くなるプランをご紹介していまして、今ですと初期費用０円で……」

こんな感じで言葉をはさむ隙を与えないマシンガンのようなセールストークが始まります。

こちらは興味がない上に、プロバイダー事情も詳しくありません。

せっかく説明をしていただいても理解不能、意味不明で、申し訳ないのですが、単なるノイズにしか聞こえないのです。そのうち聞いているのもつらくなってしまい、内容を吟味する前に「間に合っています」とお断りをすることに……。

では、こんなケースできっかけづくりがうまい人はどのように話しているのでしょうか？

うまい人は、手短に相手のメリットや、今ここで話を聞く理由を伝えるのはもちろんのこと、**必ず小さなオファーを出して〝聞くスイッチ〟をオンにさせている**のです。

対面で「飛び込み営業」がうまい人の話し方

「こんにちは。私、○○の△△と申しまして、期間限定で通信料が安くなるお得なプランをお持ちしたので、どれだけ安くなるか、一度ぜひ見てください」

「どれだけ安くなるか、一度見てください」という小さなオファーなら、お客様も「見るだけならいいかな」と気軽に「聞く耳」を持ってくれるでしょう。それが、いきなり「購入を検討してください！」などと言ったら、せっかく開きかけたお客様の心はすかさず閉ざされてしまいます。要求が大きすぎるからです。ここでは、

「順番を待っている間、見るだけでいいので3分だけお時間をいただけませんか？」
「突然お電話して申し訳ございません。3分だけお話を聞いていただけませんか？」

と控えめな要求をするのが正解。「見るだけなら」「聞くだけなら」が成功したら、

「実際に通信料を比較してみましょうか？」

と段階的に要求を上げていけばいいのです。

これを心理学では「**フット・イン・ザ・ドア**」**テクニック**と言います。セールスマンが素早くドアに足をはさんで閉められなくするように、**最初に〝控えめな頼み事〟で心の扉を少しだけ開《あ》け、しだいに大きな頼み事に持っていく手法**です。ぜひ活用してみてください。

＊

一方、オンラインの場合は、無関心な方にノックするわけではなく、お問い合わせをいただいて、ある程度、興味を持っている方への対応になります。

そこでおすすめなのが、最初はオンラインの接続状況の確認や、提案への要望についてなど、**小さなYesを重ねていき、しだいに提案につなげていく展開**です。

オンラインで「営業」がうまい人の話し方

「このたびは、弊社の新プランにご興味をお持ちいただき、ありがとうございます。
今回は、期間限定でのお得なプランをご案内します」
「今日はお時間、30分程度、大丈夫ですか？」（↓はい）
「声は聞こえますか？」（↓はい）
「資料は見えますか？」（↓はい）
（話を進めながら）
「同じような課題はありますか？」（↓はい）
「コストを抑えて導入できたらいいと思いませんか？」（↓はい）

相手がまだ「聞く耳」を持つ姿勢になっていないのに、いくら熱心に話をしたところで、暖簾《のれん》に腕押し、糠《ぬか》に釘《くぎ》。特にオンラインは相手の反応が読みにくいので、気をつけないと一方的にしゃべりすぎてしまいます。

対面も、オンラインも、慌てずに相手に歩調を合わせて少しずつ問いかけながら、徐々に提案を聞いてもらいましょう。

POINT!

対面では、
小さなお願いからYESを引き出し
オンラインでは、
小さな確認から提案につなげる

4 うまいセミナー講師は、〝冒頭のひと言〟を計算している

社内研修や採用説明会、社外向けセミナーに登壇する方や、講師やコンサルタントなど「話すことが仕事」という方も、きっとこの本を手にしてくださっていると思います。

もしかしたら、内容には自信があるのに、なぜか参加者の反応が今ひとつ……なんてことはありませんか？　それはセミナーの始め方に原因があるのかもしれません。

例えば、資産運用セミナーの冒頭の場面だとしましょう。

「セミナー」がうまくない人の話し方

「本日は、定年後の資産運用セミナーにご参加いただきありがとうございます。

本日は、３部構成でお伝えします。

それでは早速、第１部、国内外の経済・市場動向からお伝えします」

セミナー冒頭は特に緊張するので、何を話していいかわからなくなり、挨拶もそこそこに、すぐ本題に入ってしまいがち。しかし、これではせっかく集まった参加者の気持ちを置き去りにして、自分だけ先に進んでしまうようなもの。会場が盛り上がらないのも当然です。

では、本題に入るきっかけづくりがうまい人だったらどうするのでしょうか？

ポイントは冒頭で期待を膨《ふく》らませる**「参加メリット」をひと言伝える**ことです。

対面の「セミナー」がうまい人の話し方

「本日は、定年後の資産運用セミナーにご参加いただきありがとうございます。

各地から桜の便りが届いていますが、お花見より有意義だった、来てよかったと必ず言っていただけるように、大切な資産を守るため、増やすための有益な最新情報をお持ちしました。ぜひ最後までお付き合いください。

では早速、第１部の国内外の経済・市場動向から見ていきましょう！」

こんなふうに、「有益な情報を提供します」と冒頭でひと言伝えると、動機づけになって積極的に聞こう、という姿勢になるのです。

さらに、リアルセミナーの場合、もし雰囲気が硬いと思う時には、季節ネタなど、場を和《なご》ませる話題をはさんでから「参加メリット」を伝えるのがコツです。

＊

一方、オンラインの場合はどうでしょうか？

オンラインでは冒頭に「参加メリット」を伝える時、**最後までセミナーに参加する特典をプラスする**のがポイントです。

オンライン「セミナー」がうまい人の話し方

「本日は、定年後の資産運用セミナーにご参加いただきありがとうございます。老後を安心して過ごしていただくために、ぜひ知っておきたい資産運用のポイントをお伝えします。大切な資産を守るため、増やすための有益な最新情報をご用意しています。

「セミナー最後のアンケートにお答えいただいた方には、『開運！　資産運用マニュアル』を無料プレゼントしています。ぜひ、最後までご参加ください。では早速、第1部の国内外の経済・市場動向から見ていきましょう！」

こんなふうに、オンラインセミナーの冒頭で、参加メリットを伝えています。

・老後を安心して過ごすための資産運用のポイント
・大切な資産を守るため、増やすための有益な最新情報
・最後まで参加すると得られる特典

オンラインセミナーは画面を見続けると疲れてしまうので、**対面よりもスピード感を持った進行が向いています**。

そのため、冒頭で関係性づくりに時間をかけるより、端的に参加するメリットで「動機づけ」をするほうが効果的なのです。

〝前のめり参加〟になる動機づけの話題は、「ほかでは聞けませんよ」という「希少性」「専門性」や、「知らないと乗り遅れますよ」という「話題性」などもおすすめです。

さらに途中離脱を防ぐため、「最後まで参加する特典」を追加するのが重要です。

このように、セミナーを盛り上げるには、はじめが肝心。始め方しだいで、受講者満足度や相談件数、エントリー数などの結果が変わると言っても言い過ぎではありません。

対面、オンラインそれぞれに合った「始め方」で好スタートを切りましょう。

POINT!

対面では、「参加メリット」をひと言で伝え
オンラインでは、「最後まで参加するメリット」を追加する

5

会社説明会、応募が殺到する「ストーリーづくり」の秘密

あなたが採用担当者として学生向け会社説明会の進行をすることになったとしましょう。企業規模や給与、待遇だけでなく、事業内容に興味を持ち、社風に合った人材に応募してもらうには、どのように会社の沿革を紹介しますか？

「会社説明」がうまくない人の話し方

「では、弊社の紹介をさせていただきます。
弊社は、オーダーメイド家具の製造販売を行う企業でして、今から27年前の○年に創業しました。本社は長野にありまして、そのほか国内に営業所や工場等3拠点を持っています。おもな事業内容は……」

これは、よくあるオーソドックスな企業紹介のパターンですが、こんなふうにホームページやパンフレットに書いてある一般的な説明をしても、残念ながら記憶には残りません。企業の良さや、ほかの企業との違いをアピールするには当たり前すぎて、これだと、仮にもっと良い条件の会社が見つかれば、即、関心が移ってしまうからです。

では、求職者にうまくアピールする担当者だったらどうするでしょうか？　うまい人は**会社の「転機」にフォーカスした「ストーリー」にして紹介**をしています。

対面で「会社説明」がうまい人の話し方

「弊社は、オーダー家具の製造販売を行っている創業27年目の企業です。

①実は、創業者はもともと大工をしていました。

②ところが住宅建築現場で仕事中大ケガをして働けなくなってしまったのです。

③それでも好きな現場と関わっていたいと考えていたところ、施主《せしゅ》さんから大工の腕を買われて新居のダイニングセットをつくってもらえないかという相談がありました。もちろん、喜んで製作しました。するとオーダーメイドで家のサイズにピッタリな上に、ご家族の身長に合った座り心地で大変喜んでいただけ

ました。
④そのうわさが地域の業界に広まり、今では外食チェーン店の内装なども手掛ける企業に成長しました。
⑤これからもオーダー家具で地域に笑顔を増やす100年企業を目指します」

企業の沿革を淡々と時系列や数字で説明をしても面白みがないですが、このように、②③**の創業者のケガによる「転機」を軸に「ストーリー仕立て」にする**と、話に「起伏」ができて記憶に残りやすくなるのです。

学生時代、歴史の勉強で年表はまったく覚えられないのに、歴史マンガを読むと登場人物に感情移入してサクッと覚えられたのと同じです。人はストーリーにして語られると、感情移入し記憶に残りやすいと言われています。特に説明会のように時間が限られた中で、強く印象を残したい時におすすめの話し方です。

では、簡単にこのストーリーの仕組みをご説明しましょう。

前述したように、「転機」を中心に、次の5つの項目で簡単に作成できます。

先の「対面で「会社説明」がうまい人の話し方」の例でも、①～⑤の番号が振ってありますので、ぜひ参考にしてみてください。

①以前の状況……創業前、または事業の転機となる前の状況を端的に語る
②**転機……挫折、危機など。理由があれば、些細なことでも重要な意味がある**
③**選択と行動……転機・変化に対応して考えや行動をどのように変え、何を行ったのか**
④良い結果……その効果や得たこと
⑤明るいビジョン……企業のビジョン、メッセージ

このように、創業のきっかけをストーリーにしてもいいですし、「ここが転機になった」という社史のある部分にフォーカスしてつくるのもいいでしょう。

いずれにしても、ストーリーの中に「なぜ、この事業をやっているのか」「何を大切にしているのか」「何を目指すのか」という企業理念が実体験に絡めて紹介される構成になっているので、価値観が同じ相手に響くのです。

＊

一方、オンラインでは、離脱を防ぐためにスピード感が大切。そこで、**先のストーリーをもう一段進化させて、要約をして**伝えます。いわば**映画の予告編のようなイメージ**です。

オンラインで「会社説明」がうまい人の話し方

「弊社は〝地域の笑顔を増やす〟オーダー家具の製造販売を行っている創業27年目の企業です。（→まずはキャッチコピーで引きつける）
①大工をしていた創業者が
②住宅建築現場で大ケガをしたのをきっかけに
③好きな現場と関わっていたいとオーダー家具の製造を始めました。
④これが評判を呼び、今では外食チェーンの内装等を手掛けるまでに事業拡大しました。
⑤これからも地域から世界へ発展する１００年企業を目指します」

この紹介を聞いて、もっと知りたいと思わせられればしめたもの。より詳しい企業説明をしていけばいいのです。まさに求職者と相思相愛の関係づくりのきっかけがこのストーリーでの紹介です。

オンラインでの採用活動は、対面よりコミュニケーションが取りにくいデメリットがあります。だからこそ、学生や転職者に企業の良さが伝わるように、ちょっとした伝え方の工夫が必要なのです。

この「ストーリー仕立て」の紹介は、企業側だけでなく就活者・転活者の自己PRにも活用できます。第6章に、このストーリー仕立てで作成した自己PRの例を載せてありますので、ぜひ参考にして、ご自分の強みをアピールしてください。

さらに、対象を入れ替えて企業と消費者、個人事業主とお客様を「理念」でつなぐ発信にも応用できます。商材やサービスの紹介、SNS発信やプレゼンテーションにも活用して、ぜひファンを増やしてください。

POINT!

対面では、
転機を軸に「ストーリー仕立て」で伝え
オンラインでは、
映画の予告編のようなダイジェスト版にする

6 有意義な会議にするために、必ず「最初に共有」しておきたいこと

会議には何かしら不満を持っている人は少なくないようです。会議が無駄に長い、発言する人がだいたい決まっている、あまり意見や対案が出ない、参加してもワクワクしない……など。あなたの職場の会議はいかがでしょう。

例えば、定例会議がこんな始まりになっていませんか？

「会議」がうまくいかない人の始め方

「じゃあ、早速、始めます。えっと、いつものように先週の報告から……」

マンネリ化した定例会議でよくある光景は、仕切り役がＰＣ画面を見ながら独り言のようにつぶやいて、何となく始まる……という、つい気を抜いた始め方です。

しかし、これではメンバーの気分も乗らずに、発言も消極的になりがちです。なかには上司の顔色をうかがって、「今日は不機嫌そうだから余計なことは言わずに黙っていたほうがよさそう」などと、空気を読んで参加態度を変えるメンバーもいます。

そこで、ミーティングを活性化させるには、**最初に「目指すゴールを共有する」**ことがポイントです。

対面の「会議」がうまくいく人の始め方

「みんなそろったかな？　では、これから会議を始めます。いつもお疲れさまです。今回もチーム課題を共有して解決法を探っていく有意義な時間にしましょう。
（↓目的・参加の仕方の共有）
進め方は、報告15分、発言は一人1分でお願いします。次に報告内容に関するディスカッション15分、次週までのアクションプラン15分、質疑応答15分を目安、終了16時です。（↓進め方の共有）
よろしくお願いします」

全員参加型の会議は、何より全員が会議のゴールについて、同じイメージを描けなければなりません。そのため冒頭で忘れてはならないのが、目的、参加の仕方、進め方の3つの共有です。

わざわざ毎回言わなくても、と思うかもしれませんが、繰り返し言葉にして刷り込むことで、強く意識づけができるのです。些細なことですが、一人ひとりの行動が変わり、慣例が変わり、会議が変わります。

近年、生産性の向上の一環で、会議のあり方にメスを入れて効果を上げている企業も多くありますが、成功例を見ると、こうした会議の参加ルールや目的の共有といった基本を大切にしています。

＊

では、オンライン会議の始め方はどうでしょうか？

テレワークでは、「目指すゴールの共有」に加えて、発言が出やすくなる**「発話のウォーミングアップ」**をおすすめします。

オンライン「会議」がうまくいく人の始め方

「戸田さん、声、聞こえるかな？　よろしく」
「小山さん、今日は調子どう？　よろしく」……
「みんなそろったかな？　じゃあ、これから会議を始めます」

テレワーク中は、一人黙々と無言で仕事をしていることが多いので、言葉が出にくくなっています。そこで、会議で参加者の発話がなめらかになるように、開始前に短い会話を交《か》わして発話のウォーミングアップをするのです。

方法は簡単です。主催者が先に入りメンバーが来るのを待ち受けて、一人ずつ名前を呼んで声を出してもらいます。たったこれだけですが、一度会話をしておくと気分的にも発言しやすくなるのです。

新型コロナウイルス感染症の拡大後、テレワークを導入した企業アンケート「ビデオ会議に関する意識調査」（SB　C&S株式会社）によると、ビデオ会議で、なんと平均23・2分の会議時間短縮ができて、この経験から対面での会議でも「無駄な時間が減った」「時間をより意識するようになった」という良い変化をもたらしたという結果も出ています。

オンライン化で、期せずしてミーティングの無駄が改善されたというわけです。ぜひ会議の始め方の工夫で、リアルでもオンラインでも効率よく成果を上げていきたいですね。

POINT!

対面では、目指すゴールを共有し
オンラインでは、その前に発話のウォーミングアップを加える

Column 2

「オンライン会議」がはかどる3つのポイント

オンライン会議を主宰する場合は、次の3つのポイントを押さえて充実を図りましょう。

1．事前共有で会議時間を短縮する

会議の前に情報を共有しておくと、会議時間の短縮と内容の充実が図れます。

①会議の議題を事前にメールやチャットなどで共有する
②当日までに各自発言したい概要を、200字以内など文字数を設定してまとめ、それをメンバー間で共有する

〈メリット〉
・事前にメンバー相互の意見を知っておくとミーティング前に質問や要望等を用意できる
・発表用の不要なパワーポイント資料の作成がいらなくなるので準備時間が短縮できる
・文字でまとめることで自分の思考整理になる
・会議で要点を簡潔に話せる

・会議で一人ずつ説明する時間を短縮できる

③定期報告は事前に共有しておく

☆情報を事前共有した会議での話し方の例

「事前にメールで伝えていたように、今日の会議テーマは、俗人化しているシステム対応を標準化する工程づくりです。それぞれが受け持つ作業内容を事前に共有してもらったので、この会議では、それをもとにマニュアルを作成していきたいと思います」

2．名前の表示を名刺代わりにする

ミーティング参加者同士が初顔合わせの場合、お互いの部署や担当がわからないとコミュニケーションが取りにくいものです。

そこで、画面上の名前表示に、社名、事業所名、部署、名前など必要なプロフィールを表示して名刺代わりに活用すれば、お互いの立場がわかるので、初顔合わせでも意見交換がしやすくなります。

☆初対面の人が集まる会議での話し方の例

「今日は、新商品販促の営業とマーケティングチーム合同キックオフミーティングです。初参加の人もいるので、名前表示を事業所名、部署、名前の順で表記してください」

3. チャット入力の簡素化ルール

オンライン会議を円滑に進めるにはチャットの活用が便利です。例えば、途中で話をはさむタイミングが難しいので、発言したい時にはチャットに「発言したい」と書き込むなどルールを決めておくとスムーズです。

また、途中で宅配や電話の対応で席を外す時に、わざわざ会議の流れを止めてまで「ちょっとすみません……」と断りを入れるのも気が引けますし、黙って席を立つのも失礼かなと思います。

急用の場合も、チャットに「急用で抜けます」と記入すれば、進行を止めずにお断りができます。

ただ、どちらの場合もチャットに文字を記入していると時間がかかってしまうのが悩みです。そこで、あらかじめ「発言したい時は1」など、記入しそうな内容を数字で表すルール決めをしておくと、入力の手間が省けて便利です。

☆会議のチャット記入ルールを伝えるコメント例

「発言したい時には、手を挙げるか、チャットに1と書いてください」
「お客様からの電話対応で、途中で抜ける時にはチャットに2と書いてください」

こうした参加ルールは、口頭で伝えても忘れてしまうので、事前に文章を作成しておいて会議スタート時にコピー&ペーストで、チャットで共有しておくと親切です。

POINT!

オンライン会議がはかどる3つのポイント
1．事前共有で会議時間を短縮する
2．名前の表示を名刺代わりにする
3．チャット入力の簡素化ルールを決めておく

第2章

できる人の「話の引き出し方・盛り上げ方」

引き込まれる営業トーク
その気にさせる商品説明
うまい切り返し
……

1 プレゼンがうまい人が「まめに」していること

この章では、「会話の盛り上げ方」について取り上げます。

突然ですが、友人や家族へのプレゼントって、どんなふうに選びますか？　おそらく相手の好みに合うもので、喜んでもらえそう！　という贈り物を選びますよね。

実は、プレゼンテーションも同じです。プレゼンテーションの語源は「プレゼント」とも言われています。相手が喜ぶプレゼントを贈るように、相手の望みを叶える提案をすれば成功率は上がるのです。

しかし、お客様を前にすると、ついこんな説明になっていませんか？

「プレゼン」がうまくいかない人の話し方

「では、早速ですがこちらの資料をご覧ください。弊社の製品の特徴としまして……」

うまくいかない人は、いきなり資料やパンフレットを広げて、相手の意向も聞かずに一方的に説明を始めてしまう傾向があります。これではまるで自分の好みを押し付けたプレゼントのようなもの。相手にとってはありがた迷惑かもしれません。

実際に、忙しい経営層や担当者にこんなふうにプレゼンを始めたところ、途中で「待った」がかかり、「これ、全部説明する気？　悪いけど、こっちが知りたいことをA4用紙1枚程度にかいつまんで話してもらえないか？」と言われ、焦って支離滅裂になってしまった、という話も聞いたことがあります。せっかくプレゼン機会をもらえたのにもったいないことです。

では、プレゼンがうまくいく人はどうしているのでしょう。**プレゼンがうまくいく人は自分が話すよりも質問を優先します**。プレゼン中にも「**まめに質問**」をしているのです。

対面で「プレゼン」がうまくいく人の話し方

「本日は、お時間どのくらいいただけますか？」
「これまで同じような種類の話、聞いたことありますか？」

（反応を見ながら）
「では、先に関心がおありの他社導入事例からご紹介します。〇ページにまとめてあるのでご覧ください」
「そうですよね。少しシステムが複雑でして、申し訳ございません。では、わかりやすくホワイトボードで図式化をさせてください」

質問をしながら話を進める狙いは、相手の意図をつかむこと。商談の基本の「き」は、相手の話にしっかり耳を傾ける、つまり「聴く」ことです。相手の要望を知り、それに沿った提案をしていくのです。

もちろん、相手が１００％本音を語ってくれるとは限りません。だからこそ、あいづちを打ちながら相手の表情やしぐさ、言葉のニュアンスから本意を酌《く》み取り、話を広げていくのです。

＊

これがオンラインでは、相手の表情や言葉の細かいニュアンスが読み取りにくく、商談の基本の「き」が取りにくいという問題があります。そこで、オンラインでの提案は、相手の反応がわかりにくいことはある程度割り切って、進行役に徹する必要があります。

オンラインで「プレゼン」がうまくいく人の話し方

「本日のご提案、このような流れで進めていこうと思いますが、いかがでしょうか？

まず3分程度、提案の概要を説明させてください。

次に、ぜひ御社のご要望やご質問をお聞かせください。

その上で具体的にご回答してまいります。全体で30分程度の予定です。よろしいでしょうか？」


オンラインでは特に初対面での関係づくりが難しく、対話の中で質問をしても表面的な答えしか返ってこない場合があります。そこで、あらかじめ「相手の反応を確かめる仕掛け」をつくっておくのです。

具体的には、**自分が話す時間、相手からヒアリングする時間の順番を決めて、オンラインプレゼンの冒頭に進め方を提示します**。もし、資料を画面上で共有する場合には、「本日の流れ」として資料に順番を書いて見せます。

また、「はじめに提案の概要についての説明に3分ほどお時間をいただきます」など、こちらが話す時間の目安を伝えておけば、途中で口をはさまれることはまずありません。

コロナの影響で、急きょオンライン商談に切り替えた直後、対面形式の提案に慣れているベテラン営業職の方から「やりにくい」という声が多く上がりました。理由を尋ねると「相手の反応を見ながら提案を進められないから」という声がダントツでした。

その一方で、個人的な対話スキルをそれほど必要としないので、リアルの営業経験が少ない若手社員が進行役に徹して、一定の成果を上げられたという話も聞きます。

このようにオンライン商談は、リアル営業が苦手だった方や営業経験がない方にとってチャンスです。提案、商談の成功のカギは相手のニーズ把握。ぜひ、オンラインでもプレゼン上手を目指しましょう。

POINT!

対面では、聞き役にまわり
オンラインでは、最初に進め方を提示する

2 お客様のニーズを巧みに引き出す、うまいヒアリングのコツ

自分が客の立場で、店員さんに話しかけられて、ついしゃべってしまう時と、無意識に愛想のない返事をしてしまう時があると思います。この違いは何か考えたことはありますか？

原因はたいてい店員さんの声のかけ方にあります。

例えば、あなたがリフォーム会社のショールームに勤めていると想定しましょう。立ち寄ってくれたお客様に、どんな質問で要望を聞きますか？

「ヒアリング」がうまくない人の話し方

自分「現在、何か気になっていることはありますか？」

お客様「いえ、特にありません」

本当は、ニーズを引き出して会話を弾ませたいのに、こんなふうに「ちょっと興味があっただけで」「今すぐ、というわけではなくて」「話を聞いてみようかという程度で」と、曖昧な答えしか返ってこないと困りますよね。

実は、曖昧な答えは、「どのようなご用件ですか?」「何かお探しですか?」という質問の仕方に問題があるのです。こうした曖昧な答えを誘うのは、オープンクエスチョンといって、相手に答えを広く考えさせる質問です。

例えば、「水漏れの修理をしたい」のような「今すぐ何とかしたい!」緊急性のあるニーズなら即答できますが、「キッチンがちょっと古くなったな……」程度だと、「特にありません」「ちょっと見てみたかっただけで」という曖昧な答えになりやすいのです。

だからといって質問をたたみかけてしまうと、しつこいと思われて逆効果です。

では、ヒアリングがうまい人はどうしているのでしょうか? うまい人は相手が考えなくても答えられる質問を投げています。それが**「選択式の質問」**です。

対面で「ヒアリング」がうまい人の話し方

「エレガントとモダン、どちらがお好みですか?」

「リフォームをご検討中のご家庭でのお悩みベスト3が～と～と～です。お客様の場合、どれか当てはまるものはありますか？」
「弊社の施工例がこちらです。ちなみにイメージに近いものはありますか？」

こういうＹＥＳ、ＮＯで答えられる質問や選択式の質問は、それほど考えなくても一問一答で答えられるので会話を広げるきっかけづくりに効果的です。
たとえ質問の選択肢に当てはまるものがなくても、

「お客様のイメージと、どのあたりが違いますか？」

と「相違点」を比較しながら質問していけばいいのです。

「モダンで落ち着いた感じがお好きなら、和モダンもよさそうですね」

など、相手のニーズを一緒に見つける会話も弾みます。
さらに、選択肢に過去の事例を入れておけば、お客様のイメージも膨らんで検討に進むきっかけにもなります。

＊

では、オンラインの場合はどうでしょうか？

オンラインでは効率よく時間を使いたいので、**初対面の相手には事前にメールや電話で大まかなヒアリングを済ませておく**ことをおすすめします。

オンラインは初対面であっても、問い合わせ対応がメインなので、メールや電話でヒアリングをしても具体的な答えが返ってきやすいのです。

そのため、オンライン商談は、事前にヒアリングをして提案準備を行い、当日はスピーディに要点をお伝えしたほうが喜んでもらえます。

例えば、前もって、

オンラインで「ヒアリング」がうまい人の話し方

「貴重なお時間を有意義に使いたいので、事前にご要望をお聞かせいただけませんか？」

といったメールを相手に送っておくのです。

実は私も、オンラインでの打ち合わせを始めた当初は、オンラインをつないでからヒアリングをしていたのですが、対面と違って相手のニーズがつかみにくく、十分な内容を提案できていないという反省がありました。

そこで、改良を重ねて、オンラインの際には、必ずメールや電話で事前にご要望をおうかがいしてから研修やコンサルティングのご提案を行うスタイルに変更しました。このほうが明らかにお客様にも喜んでいただけるのです。

もちろん、試行錯誤はありますが、オンラインに慣れてくると提案も案外スムーズにいくものです。質問を工夫して、対面、オンライン両方でヒアリング上手を目指しましょう。

POINT!

対面では、「イエス・ノー」選択式の質問をし
オンラインでは、
事前にメールや電話でニーズを探る

3 購買意欲をかき立てる商品説明は「寄り添い型」

例えば、あなたがオンラインセミナーを始めるため、Webカメラを買いに家電量販店に行き、どんなWebカメラがいいか店員さんに尋ねたとしましょう。こんなふうに説明をされたらどう思いますか？

「商品説明」がうまくない人の話し方

「これは、フルHD1080Pの高画質および60FPSのなめらかな動画でストリーミング撮影が可能で、値段の割に性能がいいですよ」

このようにカタログに書いてあるような性能を羅列されても、カメラに詳しくない人であれば内心、「熱心に説明してくれているのはいいけど、さっぱりわからない……」と思うのではないでしょうか？　時間が無駄になりそうだと、家に帰ってネットで調べて購入しようとするかもしれません。

そこで、私がおすすめする説明フレーズがあります。それが、「**性能＋ので＋相手のメリット**」をパッケージ化して伝える方法です。商品知識がない相手に「わかりやすい」と思わせるテクニックです。

対面で「商品説明」がうまい人の話し方

「このＷｅｂカメラは値段の割に高性能なので、１台目におすすめです」
「このＷｅｂカメラは、ＰＣにＵＳＢで接続するだけなので、初心者でも簡単に使えますよ」
「フルＨＤ１０８０Ｐという高画質なので、映りがよくて好感度が上がりますよ」

「性能＋ので＋相手のメリット」をパッケージで伝えると、性能の説明をしても、最後は必ず相手のメリットで終わるので、お客様に寄り添った親切な印象になるのです。

これを使う時には、一度にたくさん詰め込まずに、１性能を１文で伝えるのがポイント。短くシンプルに伝えることで、よりわかりやすく提案を受け取ってもらえます。

＊

一方、オンラインではどうでしょうか？

初対面の相手と関係性をつくりにくいオンラインで商品説明をする時には、説得材料に**お客様の「口コミ」を追加**します。

オンラインで「商品説明」がうまい人の話し方

「このＷｅｂカメラは、ＰＣにＵＳＢで接続するだけなので、初心者でも簡単に使えますよ。ユーザーさんからも、『ＵＳＢポートに差し込むだけでインストールの必要がなくて便利！　ＩＴオンチの私でもすぐ使えました！』というご感想がたくさん届いています」

インターネットでショッピングやお店を選ぶときには、Ａｍａｚｏｎのレビューや食べログの口コミを参考にすると思います。最近は商品やサービスを選ぶ時に、企業やショップ担当者の言葉より、こうしたユーザーの客観的な声を参考にする傾向が強まっています。

オンラインで初対面の相手に商品説明をする時には、こうしたお客様の声を添えると納得感が増しますし、お客様の立場で提案をしてくれていると思ってもらえるはずです。

今や、あらゆるモノはポチッとオンラインで買えてしまいます。とはいえ、やはり高額商品や専門的な知識が必要なサービスは、インターネットで情報収集をするにしても、最終的には専門家に相談して決めたいものです。それに、ネットの情報は玉石混交。誰か信頼できる人に相談したいという方が結構います。

そのため、今後はサービスの二極化がますます進み、対面サービスでは、きめ細かい相手に寄り添った提案力が、オンラインでは、スピーディさや利便性などが、より求められるでしょう。

オンライン、対面それぞれの場面で求められる伝え方を磨いていきたいものですね。

POINT!

対面では、「性能＋ので＋相手のメリット」のパッケージ化
オンラインでは、口コミを追加する

4 提案営業のコツは「相手が何に困っているか」を引き出すこと

お客様に自社の製品やサービスを説明してもうまく伝わらないと感じることはありませんか？　提案というと、つい他社と比べていかに優れているか、プランがいかに有益かを熱く語ってしまいがちです。

例えば、テレワーク推進のため、アナログ中心の営業現場に情報管理システムを導入する提案をするとします。

「提案営業」がうまくない人の話し方

「高機能で高速処理、データ容量が大きいT社のCRM（顧客情報管理システム）をおすすめします」

逆の立場で、あなたがこんなふうに提案の説明をされたらどうでしょうか？　システムの性能だけを並べられても、これまでアナログ中心だったとしたら、システムの価値は伝わらないでしょう。もしかしたら、「もっと話が通じやすい営業さんがいる会社と取り引きしよう」と思うかもしれません。

では、提案営業がうまい人は、どうしているのでしょうか？　うまい人は、自分の説明よりも、**相手のお困り事に焦点を当てて伝えている**のです。

対面で「提案営業」がうまい人の話し方

「このT社のCRM（顧客情報管理システム）は、テレワークで客先訪問できなくても営業強化が図れます。（↓相手視点メリット）なぜかというと、一元管理した情報を自宅やモバイルでもスピーディに共有できるからです。（↓理由）」

どうしてですか？　と聞かれたら、

「高機能で高速処理、データ容量が大きいからです」

と、他社と比べて優れている特徴を伝えるのです。

ポイントは、自分が話したいことではなくて「相手のお困り事を解決できますよ」と伝えること。相手が「自分（自社）にとってメリットがある」と気づけば、あなたの提案に興味を持ってもらえるので、「話が伝わっている」と手応えを感じるはずです。

自分が話したいことと、相手が求めていることが違うのは、往々にしてあるものです。

そこでおすすめなのが、**相手のメリット優先の伝え方の仕組みを使って話すこと**です。

ぜひ空欄に当てはめて、あなたの提案トークをつくってください。

☆メリット優先の提案の仕方

○○（商品・サービス）はお客様の△△という課題を解消し◇◇を実現します。

なぜかというと□□（理由）だからです

オンラインでは、対面以上に、この伝え方が有効です。ただ、対面のようにヒアリングをしながら提案をするのが難しいので、事前に3つから5つくらい、よくあるお困り事を準備しておくのです。

*

オンラインで「提案営業」がうまい人の話し方

「こんなお困り事はありませんか?」と複数用意しておく

実は「こんなお困り事はありませんか?」という話の導入は、**仮説提案型**といって、Webマーケティングなどでもよく使われています。ヒアリングができていなくても、**どれかに当てはまり、自分事だと気づかせるような要素を入れておく**のがポイント。

オンラインでヒアリングが難しいと感じたら、この方法がおすすめです。

例えば、携帯電話を買う時に、なぜ声が聞こえるのか、インターネットが使えるのか、動画が撮影できるのか、などと携帯電話のそもそもの仕組みを100%理解するまで買いません！　と言う人はいないでしょう。

何らかの携帯を買いたい理由があり、あとは安全性やコスト、品質、サポートなどを確認して納得すれば購入を決めるはずです。

それと同じように、提案する時に、つい自分の扱う商材について、細かい部分を説明したくなりますが、相手が知りたいのは、そこではないのです。

特に画面に向かい続けていて疲れやすいオンラインではなおさらです。自分の言いたいことはちょっと抑えて、ぜひ相手のお困り事から話を広げていきましょう。

POINT!

対面では、相手のお困り事を優先し
オンラインでは、
予想されるお困り事を先に複数提示しておく

5 提案営業でお客様を引き込む「会話挿入」

重要だけど少々複雑で面白みがない話を、相手の興味を持続させながら伝えるのは、いくら仕事とはいえ至難の業《わざ》です。そろそろ目の前の相手は話に飽きてきたのかな、と思う瞬間、ありませんか？

例えば保険の紹介をするとします。

「提案営業」でお客様を引き込めない人の話し方

「こちらが新発売された保険でして、何が新しいかと言いますと……」

こんなふうに淡々とした説明に終始してしまうと、聞いているうちに集中力が途切れてしまうものです。すると人は適当に聞き流し始めます。一度こうなってしまうと、なかなか提案に引き込めません。

では、お客様の集中力を切らさずに話に引き込むのがうまい人は、どうしているのでしょう。おすすめなのが**会話を挿入するテクニック**です。

対面の「提案営業」でお客様を引き込める人の話し方

「実は、この保険が発売されたと知った時、すぐ井上さんのお顔が浮かんだんです！　先日お会いした時におっしゃっていたじゃないですか。『介護が必要になった時に家族に迷惑かけたくないんだよね』って。これだ！と思いましたよ」

これは、**お客様が言っていたフレーズをそのまま会話に挿入する**パターンです。自分の話を覚えていてくれたとなればうれしいはず。「あなたのための提案です」と伝えているようなもので、お客様を引き込む効果は抜群です。

会話調で思い浮かぶのは落語。落語家さんが一人で何役もこなす「話芸」で、会話仕立てでどんどん話に引き込まれます。ビジネスシーンでもこの「会話仕立て」で話に引き込むのです。

＊

一方、オンラインでは、さらに強調するために**会話の前に「間《ま》」を入れてタメをつくります**。こうすると、より感情に訴える強いフレーズになるのです。

オンラインの「提案営業」でお客様を引き込める人の話し方

「実は、この保険が発売されたと知った時、すぐ井上さんのお顔が浮かんだんです！　先日お会いした時におっしゃっていたじゃないですか。…（間）…『介護が必要になった時に家族に迷惑かけたくないんだよね』って。これだ！と思いましたよ」

このように、重要な話の前にタメをつくると、次に「何を言うのか」期待をさせる効果が生まれます。これで、よりあなたの話に引き込むことができるのです。

オンラインコミュニケーションは感情や意思が伝わりにくいので、**対面の3割増しの表現力が目安**。ぜひ、間と会話挿入をセットでお使いください。

☆会話を挿入する例

「ご紹介者の山中部長が、井上さんのこと、こんなふうにおっしゃっていましたよ。……（間）…『あいつは家族思いだからな～』って」（テーブルプレゼン）

「ドラッカーはこう言っています。…（間）…『マーケティングの狙いは販売を不要にすること』だと」（セミナー）

会話を挿入すると、聞いている人がその会話の中に入っているような感覚になり、内容をイメージしやすくなります。

私もテレビ番組でリポートをする時、よく会話を入れていました。

同じ内容でも、「○○選手によりますと、大歓声がまるで地鳴りのようにスタジアムに響いたということでした」と伝言スタイルにするより、

「○○選手はその時の様子を『大歓声が地鳴りのようにスタジアムに響いた』と興奮冷めやらぬ様子で語ってくれました」

と、選手の発言をそのまま切り取って伝えたほうが臨場感があり、視聴者に響くからです。

提案やセミナーは正確な内容はもちろんですが、時には感情を揺さぶり、話に引き込む伝え方も必要です。相手の様子を見ながら、「飽きたかな」という頃合いを見計らって適度に使ってみるといいでしょう。

POINT!

対面では、会話を挿入し
オンラインでは、
重要な話の前に「タメ」をつくる

6 ターゲットを振り向かせる「Before→After」の営業トーク術

インターネットやSNS、電車の中吊り広告で、スポーツジムやエステサロン、治療院や美容院の広告を目にしない日はありません。ライバル店の広告・情報があふれる中で、なんとか新しいお客様の目に留まり、一人でも多く来店してほしいと、それぞれが言葉を工夫して伝えています。

では、あなたが郊外の住宅街に新規開店したスポーツジムの宣伝担当者で、今までジムに通ったことがない中高年のワーキングウーマン層を取り込みたいとしましょう。チラシやSNSで、どう伝えますか?

「営業トーク」がうまくない人の話し方

「体脂肪を燃焼する、専任トレーナーによるパーソナルトレーニングができます!」

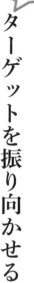

ターゲットにしたいのは、今までジムに通ったことがない女性。これでは体脂肪も専任トレーナーもパーソナルトレーニングも「私に関係ない」と思われてスルーされてしまいかねません。

では、こんな時、興味を持ってもらうにはどうしたらいいのでしょうか？

それには、ターゲットが気になっていることと、そのサービスで得られる理想の未来を**「Ｂｅｆｏｒｅ（現在の状況）」→「Ａｆｔｅｒ（理想の未来）」で伝える**ことです。

対面で「営業トーク」がうまい人の話し方

「最近、洋服のサイズが上がってしまったあなた（Ｂｅｆｏｒｅ）、20代のころのスタイル（Ａｆｔｅｒ）を健康的に取り戻しませんか？」

「Ｂｅｆｏｒｅ→Ａｆｔｅｒ」を使ったフレーズの狙いは、一瞬で「自分のことかもしれない」と気づかせること。Ｂｅｆｏｒｅの部分にターゲットの現状を、Ａｆｔｅｒの部分に理想の未来を具体的に入れるのです。

例えば、最近テレワーク太りでスーツがきついと感じている女性がこのＢｅｆｏｒｅのフレーズを目にしたり耳にしたりしたら、きっとドキッとするはず。

そして、次のＡｆｔｅｒの部分を見て、「さすがに20代は無理だけど、夏に向けて痩せるのも悪くないかも……」と気持ちが動くはず。

ここでの「スポーツジム」は、あくまで手段。ターゲットは、Ｂｅｆｏｒｅ↓Ａｆｔｅｒに自分を投影するのです。スポーツジムの紹介をするのではなく、「私、まずいかも」「諦めていたけど、まだこんな未来が手に入るんだ」と気づかせてあげましょう。

Ａｆｔｅｒの部分に、例えば「偏差値◯◯アップ」「ＴＯＥＩＣスコア△△点アップ」のように数字を入れると具体的にイメージできて効果的です。

＊

一方、オンラインではどうでしょうか？

オンラインはぜひ**ビジュアルで訴えましょう**。

動画や写真を使えば、文字が多い資料を見せて口頭で説明するよりも、一瞬でＢｅｆｏｒｅ↓Ａｆｔｅｒのギャップが伝わります。

例えば、スポーツジムのライザップのテレビＣＭは、太っているＢｅｆｏｒｅの姿と、トレーニング後のＡｆｔｅｒの姿の激変ぶりが衝撃的ですよね。このＣＭはコメントは一切なく、動画と音楽だけのたった数秒間で「こんなに変わるんだ！」「私もできるかも！」と行動したい衝動をかき立てています。

最近は、ＹｏｕＴｕｂｅ、ＳＮＳライブやＺｏｏｍを使ったオンライン体験会など、オンラインツールが豊富です。インタビュー動画でお客様の声でＢｅｆｏｒｅ→Ａｆｔｅｒを届けるのも効果的です。無料ツールも多いので、オンラインでも積極的にターゲットを振り向かせていきましょう。

POINT!

対面では、Ｂｅｆｏｒｅ→Ａｆｔｅｒで伝え
オンラインでは、
さらにそこに写真や動画で印象づける

7 会議でタイミングよく、効果的な発言ができる人のテクニック

会議で発言のタイミングが難しいと感じることはありませんか？　場の空気を読みすぎて言いたいことが言えない、話したいことがあるのにタイミングをつかめず悶々《もんもん》としてしまうなど、自分の思い通りに発言できなくて、もどかしい思いをすることってありますよね。

「会議」でうまく発言できない人の話し方

発言が唐突で、場の空気が読めていない

私の経験上、会議中にうまく対話の波に乗れないのは、おもに2つの原因がありました。

1つは、論客ぞろいで、もし発言をしたらどう思われるかと反論が不安な時。自信がな

いと躊躇《ちゅうちょ》してしまうものです。

そしてもう1つの原因は、今日こそ発言するぞ！　と身構えすぎて、人の話を聞く余裕がない場合です。

ちゃんと聞いていれば「それってさあ」と流れを汲んで自然に話に入っていけますが、自分に意識が向いているとまわりが見えていません。勇気を出して「ちょっといいですか！」と話に割って入っても、「その話、もう終わったけど」とか、「今の流れとは関係ないよね」と空気を読めない人と化してしまうのです。

では、タイミングよく発言する人は、どうしているのでしょうか？　それは、**話している人に視線を送り、「次に話したい」という合図をしている**のです。

対面の「会議」でうまく発言できる人の話し方

話をしている人に視線を送り続ける

リアルの場なら、発言したくない時は当然、目をそらしますよね。その逆で、話したいことがある時には、発言者に視線を送っていれば目が合います。

言葉よりも先に、こうしたアイコンタクトで〝少しいいですか？〟と目配せをする非言語コミュニケーションが、話の流れにうまく乗りたい時には便利なのです。

それに、人は見ているところ（この場合、会議のファシリテーター〈進行役〉や主要な発言者）に意識が集中しますので、会議の流れも頭に入ってきます。そこで「あ、それ、重要ですよね！」「同感です！」などあいづちをきっかけに話に入ることもできます。

＊

一方、オンラインではどうでしょうか？

まず、オンラインでの途中発言は、言葉がかぶらないように許可制がおすすめです。発言したい時には手を挙げる、チャットに発言がありますと書き込むなど、参加ルールを決めておくとスムーズです。

そして特に大切なのが、**「なぜ、このタイミングで発言をするのか」**の理由を伝えることです。

オンライン「会議」でうまく発言できる人の話し方

・緊急性を伝える例
「今の○○さんの報告に関連して補足したいことがありまして、少し（お時間いただいて）いいですか？」
・重要性を伝える例
「○○さんの報告にあったクレーム、大事な点なので（発言しても）いいですか？」

リアルは、みんなが同じ場所にいるので、わざわざ言わなくても雰囲気が伝わるのですが、オンラインではそうはいきません。突然、割って入って勝手な話をするのはオンライン会議の迷惑行為です。

そんな誤解を受けないように、どうして発言するか、その理由を短く伝えることで、発言許可をもらうのです。このように丁寧なコミュニケーションを心掛けると、いつもタイミングよく発言をする人だなあ、と一目置かれる存在になります。

オンラインは、年功序列や役職による席次がなくなり、画面上に顔が並んで表示される「フラットな環境」が特徴です。

これまで上司の顔色をうかがって積極的な発言を控えていた若手が、自分の意見を言いやすくなったという声もあります。

一方で、これまで単に声が大きいだけで存在感を保ってきた人や、議論と関係ないことでいちいち口をはさみ、流れを止めていた不要な発言をする人があぶり出されています。

多様性を認める企業風土づくり、生産性を高める組織づくりを進める意味からも、オンラインミーティングの活性化は望ましいことです。ぜひ、オンラインでの進め方を上手に取り入れていきましょう。

POINT!

対面では、発言者に視線を向けておき
オンラインでは、発言の理由を先に伝える

8 会議、ミーティング中、脱線話をうまく引き戻す仕切り上手のツボ

会議に積極的に参加した結果、議論が白熱するのは好ましいことですし、短めの脱線話なら、よい気分転換にもなります。

しかし、しばしば要領を得ない発言をダラダラ続ける人や、いつの間にか自分の自慢話にすり替わっている人がいます。こういう人のせいで、せっかくの貴重な時間を浪費してしまうのはもったいないことです。

例えば、あなたが進行役のミーティングで脱線話を長々とする人がいたとしましょう。

「仕切り」がうまくできない人の話し方

苦笑いをしながら黙ってがまんしている

気心の知れた相手なら「ちょっと時間が押しているので、巻きで（短めに）お願いします！」などと冗談っぽく注意できますが、気を使う上司やお客様となると困るのではないでしょうか？

そんな時に役に立つのが、雰囲気よくやんわりと場を仕切るフレーズです。

例えば、脱線した話をやんわりと戻したい時には「**クッション言葉＋結論を催促**」がおすすめです。

クッション言葉とは、「恐れ入りますが……」など依頼やお断り、意見・反論をする時に、きつい印象にならないように先に挿入して使う緩衝材《かんしょうざい》となるフレーズです。

対面で「仕切り」がうまくできる人の話し方

「ご発言中ですが、要約させていただくと……」

「お話の途中で恐れ入りますが、今の発言の意味は○○ということでよろしいでしょうか？」

こんなふうに言えば、話が脱線した相手に不快感を与えずに、うまく軌道修正できます。

また、

「興味深いお話ですが、そろそろ本題もお伺いしたいです」

「そのお話は、また別の機会にお伺いするということで……」

というやんわりしたフレーズで本題に引き戻せば、相手を嫌な気にさせず、ちょっと話しすぎたかなと気づいてもらえます。

心証を悪くさせないコツは、おどおどせずに朗《ほが》らかなトーンで、**「本当は続きを聞きたいけど時間の都合で申し訳ない」**というニュアンスを伝えることです。

＊

このテクニックは、オンラインでも使えます。

オンラインでは、発言のルールをあらかじめ決めておけば、比較的仕切り屋タイプの人が勝手な話の展開に持っていくことは少ないはずですが、話が迷走する人は出てきますし、意見が対立して空気が険悪になることもあります。

そんな時に有益なのが場を仕切り直すフレーズです。

オンラインで「仕切り」がうまくできる人の話し方

・話が迷走気味の人への助け舟の例

「要約すると、どういうことですか？」

「結局のところ、○○について、どうなのでしょうか？」

・空気が悪くなった時

「このあたりで一度これまでの話を整理して方向性を確認しませんか？」

こうした場を仕切るフレーズをいくつか用意しておくと、いざという時に焦りませんし、何より「場をうまくまわせる」と「さすが！」と言われます。

アナウンサーも、ゲストとのトークを仕切るスキルがある人＝デキるアナウンサーというのが一つの評価の目安となっていました。

仕切るためには、タイミングとフレーズの2つが大事です。そのためには、なんでそんな発言をしているのか、趣旨を捉えながら聞くこと。そうすることで、口をはさむのにキリのいいタイミングがわかりますし、適切なフレーズも浮かんできます。

それでも、どうにも話が白熱して止まらない時や、しゃべりが止まらない人を静止したい時の秘策があります。

それが、**相手が息継ぎをする瞬間を狙って言葉をはさむ**方法です。息を吸うタイミングを見計らって「すみません、少しいいでしょうか？」「話は尽きませんが、次のテーマに進めます」と言葉をはさんで、話の流れを取り戻すのです。いざという時に使ってみてください。

POINT!

対面では、「クッション言葉＋結論を促すフレーズ」など場を仕切るフレーズを使い、オンラインでは、仕切りフレーズのストックを増やしておく

9 部下をうまく動かす上司の〝食い違い〟が起きない指示の出し方

ネット上では、上司へのさまざまなボヤキがつぶやかれています。その中で目についたのが、「上司たちの指示がへたで疲れます」という投稿です。

あなたの職場には、仕事の指示や依頼をする時、こんな言い方をする人はいませんか？

例えば、部下に会議資料の準備の指示を出したとしましょう。

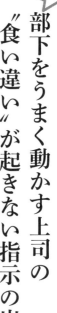

「指示」がうまく出せない上司の話し方

「あれ、やっといて。資料のデータ、メールで送るから、いつも通りお願い」

「あれ、やっといて」と言われ、てっきり印刷をするのかと思いきや、上司は資料のレイアウトを整えるように頼んだつもりだったなどと、お互いの認識に食い違いが起きやすい指示のパターンです。

あなたのまわりにも、指示や依頼をする時、こんなふうに「これ、お願い」「あれ、やっておいて」など、いわゆる「こそあど言葉」と言われる代名詞「これ・それ・あれ・どれ」を使う人、いないでしょうか？　同じ空間で仕事をしているメンバーには、つい「わざわざ言わなくてもわかってくれるだろう」と、省略した指示で済ませることもあるかと思います。

しかし、これが思わぬミスを招く原因。どんなに近くにいても相手と自分の頭の中で思い描いている〝地図〟は違います。

では、上手に指示を出す人はどうしているのでしょうか？　自分の頭の中にある地図を相手の頭の中にも描くように**5W1Hで必要なことを言葉にして指示を出している**のです。

対面で「指示」がうまく出せる上司の話し方

「データ送るから、会議用資料のレイアウト調整を、前回の資料を参考にして、あさっての金曜日までにお願いできる？　これから得意先まわりだけど、わからないことがあればいつでも電話して」

こんなふうに「言わなくてもわかるだろう」という思い込みを捨てて、何をすればいいのか具体的にイメージができるように言語化して伝えるのです。

さらに、「わからなければいつでも聞いて」とひと言付け足しておくと親切です。

*

では、テレワークではどうでしょうか？　テレワークでは、メールやチャットよりも指示書を使ったり電話を併用したりすると、より抜けモレがない指示を送ることができます。

オンラインで「指示」がうまく出せる上司の話し方

（メールで）

「週明けの社内会議用の資料準備、あさっての金曜日までにお願いできますか？
アウトラインは書き込んだので、オンライン上で共有しても見やすいレイアウトに整えてください。
レイアウトは前回の資料を参考にしてください。
わからないところがあったら、電話でいつでも連絡ください」

テレワークだと些細なことでいちいち質問するのも申し訳ないと思う人が多いようです。

そのため、お互いの認識に齟齬《そご》があり、手戻りが増えて効率が低下したケースも聞きます。

そこでテレワーク中は、特にビジネスコミュニケーションの基本である5W1Hで必要事項の抜けモレがないように指示を送りたいところです。

対面以上に指示代名詞を使わず、具体的な数字、固有名詞を使いましょう。「～な感じで」など、人によって受け取り方が違う感覚的な表現も避けましょう。

少し他人行儀に思うかもしれませんが、オンラインで指示を出す時には、**部署の外に発注する時のイメージで、知らない相手でもその説明通りに作業ができるレベル**を目指します。

ただ、口頭だとすぐに済む伝言も、メール文章にすると時間がかかる場合があります。

そこで、頻繁に指示を出す時には**「指示書フォーマット」を活用**します。

指示書には、仕事や作業の内容の手順・方法など必要な項目をつくっておきます。そこに箇条書きで記入すると、ゼロから文章をつくるより時間がかかりません。

指示を受けた側も、その指示書の通りに作業をすればいいので確認しやすく、手戻りも少なくなります。

ほかにも電話を併用する方法もおすすめです。メールで資料を添付する際、「本日15時に、この件について電話で依頼内容を伝えてもいいですか?」として、5分ほど電話でコミュニケーションを取るのです。

本来、指示、依頼は、その場で互いの認識の食い違いを埋めていくのが理想です。しかし、テレワークだと、そうしたコミュニケーションが取りにくいのが現状です。ぜひオンラインでもお互いに齟齬が起きない方法を工夫していきたいですね。

POINT!

対面では、頭の中の地図を具体的に言葉にして伝え
オンラインでは、指示書や電話も使う

指示書フォーマットのサンプル（オンデマンド講座作成）

発信者と連絡先を必ず書いておく

指示番号　4-413
作成日　202●/5/20
担当者　青春一朗
ichiro@company.co.jp

誰への指示か記載する

依頼先	WACHIKA コミュニケーションズ株式会社 阿隅和美
依頼主	○× 研修センター株式会社
セミナー名	アナウンサーに学ぶ話し方セミナー
作業範囲	講座コンテンツ作成 講座動画収録 編集
納期	202●年6月12日
納品方法	データにて納品
資料作成有無	有り

作業範囲はどこからどこまでかを必ず明確にしておく

納品内容について具体的に記載する

納期や、いつからいつまで行うかなどの期間の明記は必須

内　容	
対象者	入社3年目までの会社員
時間	60分
開催方法	オンデマンド配信
配信期間	202●年7月1日～7月31日
目的	ビジネススキル習得
ニーズ	================================== ================================== ================================== ====================
備　考	

具体的な要望などをまとめる

10 取引先・上司から「想定外の話題」を振られた時の、うまい！ 切り返し方

例えば、取引先、上司と食事に行ったとしましょう。食事中は仕事以外の話題にもなります。いきなり想定外の話を振られたら、どうしますか？

「切り返し」がうまくない人の話し方

取引先「最近の日本の状況についてどう思う？」
自分「えっ…そ、そうですね……あまり考えたことなくて……」

「わかりません」「あまり考えたことがないので」と話を打ち切ってしまうと、せっかくの席が台無しです。最悪の場合、信頼感を失うことだってありえます。

では、こんな時、どう返すといいのでしょうか？　それには等身大の話に落とし込んで、

「私にとって」と自分限定で意見を伝えることです。

対面で「切り返し」がうまい人の話し方

「いろいろありますが、今の私にとって一番の関心事は、子育てについてです。住んでいるところが待機児童の多い区なので、4月から近くの保育園に入れるかどうかが一番の関心事でした。日本はまだまだ女性が働きやすい環境に十分とは言えないと実感しています」

せっかく振ってもらった話題は必ず返したいところです。とはいえ、さすがに、あらゆる分野に精通している人は少ないと思います。

想定外の話を振られた時には、評論家になろうとせず、「自分限定」と範囲を決めて焦点を絞り込めば、話しやすくなりますし、突っ込まれにくくなります。

その際に、**「あまり詳しくないのですが」「あくまで私見ですが」と謙虚にひと言お断り**をしておけば、なお安心です。

このように、上手に受け答えできる人は、背伸びをしてカッコイイことを言おうとしたり、見栄を張ったりせず、等身大で答えるのです。

美味しいお料理を食べている時、ほとんどの人が上機嫌になります。アメリカの心理学者グレゴリー・ラズランは「食事中に提示された意見は好意的に受け取られる」という研究結果を発表しています。

ビジネスシーンでこうした効果を最大限に生かすのが「ランチョン・テクニック」と言われるもので、同時に会話のうまさも求められます。

＊

では、オンラインではどうでしょうか？

オンラインの場合は、自分限定で切り返す前に、**相手の話の要点を復唱して、「あなたたちの会話を、ちゃんと聴いていますよ！」と伝える**のがポイントです。

オンラインで「切り返し」がうまい人の話し方

「根本さんはオリンピックへの対応、山本さんは株価の動きが気になるのですね。私にとっての一番の関心事というと、子育てなんです……」

オンラインでは、お互いの状況がわかりにくいので、こんなふうに〝話を聴いていますよ〟と言葉にして伝えると、雰囲気よく会話が続きます。このひと手間をかけることが、オンライン会話の秘訣です。

オンラインでも異業種交流会やイベントが頻繁に開かれるようになりました。

オンライン飲み会に参加してみると、リアルの飲み会より真面目な話で盛り上がることが多い印象で、目的意識を持って参加すれば案外楽しめます。

オンラインでの交流シーンは、人柄を知ってもらう大切な時間です。会話で場を盛り上げる人は、「仲間を大切にする」「一緒に仕事をしてみたい」という好印象を与えます。

想定外の話題を振られたら「わかりません」とスルーせず、誠意を持って返してみましょう。人間的な部分を分かち合うことが対面より難しいオンラインで、関係性をつくる絶好のチャンスです。どうぞ会話を通じて楽しく人脈を広げていってください。

POINT!

対面では、自分限定で伝え
オンラインでは、相手の話を復唱してから話す

11 「来てよかった！」と思わせるセミナーの進め方

セミナーや研修に講師として登壇することになったら、やる以上、受講者に「来てよかった」「ためになった」と喜んでもらえる会にしたいですよね。

ところが、満足してほしいという気持ちとは裏腹な行動になっていることがあります。

「セミナー」がうまくいかない人の話し方

テキストやスライド資料の内容を単になぞって、一方的に読み上げる

「時間内に多くの知識を伝えることが受講者のためになる」と、一方的に資料を読み上げて説明し続ける人がいますが、残念ながら、講師の役割としては不十分。資料は読めばわかりますから、これでは受講者に満足してもらえないのです。

では、うまい人は、どうしているのでしょうか？　満足度を高めるのがうまい人は、セ

ミナーの隙間時間を使って「講師と受講者との交流」を図っているのです。

対面の「セミナー」がうまくいく人の話し方
セミナーの隙間時間にコミュニケーションを取る

セミナーや講演、研修での講師の役割は、正確な説明をするだけではありません。
実は、受講者の満足度を高めるポイントは「内容」と「交流」の2つの充実を図ること。参加者が「来てよかった！」と思うのは、**知的な満足と、情的な満足の両方がそろった時**だからです。

例えば、有益な情報を仕入れることができたけど、講師がPC画面を見ながらボソボソ話しているだけだったり、参加者が誰一人として発言もせずに黙ったままだったりすると、なんとなく居心地が悪く感じて、トータルでの満足度は上がらないものです。

営業セミナーなら、満足感なくして「個別相談」や「成約」につながりません。それほどまでに受講者満足度はセミナー成功のカギを握る大切なものなのです。

とはいえ、慣れていないと講義をするだけで精いっぱいで、「受講者との交流を図る」なんて言われても、そんな余裕はありませんよね。

そこで、おすすめなのが**隙間時間にコミュニケーションを取る方法**です。

この時のコミュニケーションの狙いは2つ。1つは講師と受講者や受講者同士の気持ちの交流、もう1つは理解度や要望を吸い上げ、進行に反映することです。この2つで「内容」と「交流」の2つの充実を図るのです。

では、交流の仕方をご紹介します。リアルセミナーであれば、開始前やワークの最中、休憩中などに受講者に声をかけるのです。

例えばセミナー開始前なら、「今日はよろしくお願いします」「今日は、わざわざ参加していただいてありがとうございます」と挨拶をしながら、雑談風に、

「このセミナーで聞きたいことはありますか？」
「研修テーマに関して、職場で話題になっていることってありますか？」
「何か課題だと感じていることはありますか？」

と、軽く質問を投げて要望を吸い上げます。また、休憩中やワークの時間には、

「わかりにくいところはありませんでしたか？」

などと話しかけて、関心度や理解度を確認します。

そしてセミナーの中で、

「先ほどこんなご意見が出まして……みなさんも気になりますか？　では、特別に関連する事例をご紹介しますね」

などと臨機応変に対応していくと、交流も図れますし、受講者の理解度も満足度も高まります。

＊

一方、オンラインセミナーではどうでしょうか？

オンラインだと会場をまわって話すことができません。だからといって、講師が一方的に話し続けていては飽きられてしまいます。

そこでおすすめなのが、「ラジオＤＪ風に交流を図る」方法です。

「ラジオＤＪ風」といっても、プロのような流暢《りゅうちょう》なしゃべりをしようということではありません。ラジオＤＪのように、**リスナー（参加者）と対話・交流するイメージを意識**すればいいのです。

オンライン「セミナー」がうまくいく人の話し方

ラジオＤＪ風に交流を図る

オンラインは、カメラをオフにして参加している人もいるので、音声によるコミュニケーションを充実させたいものです。そこで目指したいのはラジオ番組のような交流です。

ラジオ番組では、ツイッターやラインなどＳＮＳで届いたメッセージをパーソナリティが読み上げていますよね。オンラインセミナーでの交流は、こうしたラジオのリスナーとの関係づくりに近いと思っています。

具体的なコミュニケーションの図り方の例をご紹介しましょう。

いろいろなツールがありますが、設定や運用が難しいものより、チャット、マイク、アンケート機能を使ったシンプルな方法がおすすめです。

・チャット機能を使う方法

セミナー中にチャットで質問に答えてもらいます。

講師「今までプレゼンテーション研修を受講した経験がある方は1、ない方は2、覚えていない方は3を入力してください」

チャットに書いてもらった答えを講師が読み上げて、感想などを伝えます。

講師「2の経験がない人が多いですね。プレゼンテーションの勉強をする機会って案外少ないですよね」

・マイクを使う方法

チャットで質問や感想を入れてもらい、その中で気になった意見や感想を、受講者本人に、マイクをオンにして全体で発言をしてもらいます。

講師「では、この項目での一番の学びをチャットに記入してください」

「早速の入力ありがとうございます。いろいろな学びがありますね……（いくつか読み上げる）」

「せっかくなので、何人かに聞いてもいいですか？

では、上野さん、『この指導法は、すぐ活用できそうです』と書いてくださいましたね。もしよろしければ、どんな場面で活用できそうか、発表してもらってもいいですか？」

・アンケート機能を使う方法

オンラインシステムに慣れた方なら、アンケート機能を活用して、ウェビナー（オンライン上のセミナー）中に簡単なアンケートを取り、結果を読み上げるのも、コミュニケーションが図れると同時に、理解度の把握もできるのでおすすめです。

対面セミナーでは、豪華な会場やドリンクサービスなどによって、参加者の「満足度」を上げることができます。しかし、オンラインセミナーでは、これらの手は使えません。

では、どうやって満足度を上げるのか？

それは、講師やほかの参加者とどれだけ交流できるかにかかっています。リモートワークでおこもりがちな参加者にとって、オンライン上での〝ふれあい〟が心地よいのです。

主催者は積極的に参加者と会話をしたり、参加者同士で話す時間をつくったりして、「交流が楽しい」と思われる場づくりを心がけましょう。

POINT!

対面では、隙間時間の会話で交流を図り
オンラインでは、チャットやアンケートで
双方向のやりとりを意識する

12

セミナー参加者の中だるみ・離脱を防ぐ「はさみ」のテクニック

いくら興味があるテーマでも、延々と一方的な説明が続くと疲れてしまいます。人の集中力には限界があります。例えばワインの勉強会でのレクチャーのワンシーンです。

「離脱者」を出してしまう人の話し方

「シャルドネは、世界で最も知られた白ワイン用の品種で、産地はフランス・ブルゴーニュが有名ですが、米・カリフォルニアでも最も多く栽培されている白ブドウで、ブドウ栽培地の辺境を除けば世界中で生育されています。

シャルドネの特徴をひと言で伝えるのは難しいのですが、強い個性を持たないことが個性とも言えましてて……」

この説明、文章で読めばわかりやすいのですが、セミナーで聞くと単調です。長時間、聞き続けてもらうためには、飽きさせない工夫が必要です。それには**説明に質問をはさむ**という方法を使うのです。

対面のセミナーで「離脱者」を出さない人の話し方

「シャルドネは、世界で最も知られた白ワイン用の品種で、産地はフランス・ブルゴーニュが有名です。みなさんもシャルドネはご存知ですよね？（質問）
これは、米・カリフォルニアで多く栽培されている白ブドウで、ブドウ栽培地の辺境を除けば世界中で生育されています。
では、味の特徴、すぐ思い浮かびますか？（質問）
…（間）…
シャルドネの特徴をひと言で伝えるのは難しいのですが、強い個性を持たないことが個性とも言えまして……」

このように質問を入れることで、一方的な説明が問いかけに変わり、受講者とのコミュニケーションが生まれます。

質問を投げかけられると人は答えを探す習性があります。この習性を利用して常に問いかけて、アクティブに聞いてもらうのです。この時に「ご存知ですよね？」などの質問のあとに、**全体を見てうなずきながら一拍、間を取って次の説明に進んでいく**とちょうどよいリズムが生まれます。

セミナーや研修は、能動的に参加してもらう場づくりが大事。こうした知的対話の場づくりが成功のカギなのです。

*

オンラインの場合は、もっと頻繁にコミュニケーションを取りたいところ。

それには説明のフレーズの語尾を質問調に変えてしまいます。

オンラインセミナーで「離脱者」を出さない人の話し方

「白ワインはお好きですか？」

……（間）……

「ちなみに世界で最も知られた白ワイン用の品種、何だと思いますか？」

……（間）……

「そう、シャルドネです。ブドウ栽培地の辺境を除けば世界中で生育されています。

では、有名な産地はどこでしょうか？」

……（間）……

「産地はフランス・ブルゴーニュが有名ですが、実は米・カリフォルニアで多く栽培されている白ブドウです……」


話す時には、相手が「うん」「なるほど」とあいづちを打つ程度の間を入れながら、双方向のコミュニケーションを図ってみましょう。

アナウンサーはラジオで一人語りをする時にも、この方法を使っています。ぜひ、この文章を声に出して読んで、語りのリズム感を体験してください。

学習塾の人気講師は、一方通行の授業はしません。生徒たちが飽きないように小さな質問を頻繁に投げかけて、生徒に考えさせて授業に参加させています。生徒も楽しみながら参加することで、学習効果が高まります。

記憶のメカニズムは、脳の海馬《かいば》という部位に短期記憶をいったん貯蔵し、大脳新皮質へ送って長期記憶とするかどうかを判断します。この海馬の隣にあるのは「扁桃体《へんとうたい》」という感情をつかさどる部位です。

偏桃体が活性化すると海馬も一緒に活性化するので、感情をともなった出来事は、長期にわたって記憶に留《とど》められることになります。つまり、興味や熱意を持って自発的に学ぶと、記憶が定着しやすくなるというわけです。ぜひ、質問調で飽きさせず、セミナー効果を高めてください。

POINT!

対面では、説明に質問をはさみ
オンラインでは、説明自体を質問調にする

第3章

できる人の「大事なことをしっかり伝える」話し方

会議・プレゼンでのイメージ話法
説得力が出る商談テク
視線の使い方……

1 会議、提案で「なぜか了承を得るのがうまい」人の法則

この章では、会議、商談、セミナー……の場面で「うまく伝わらない」を解消する話し方を見ていきましょう。

会議や提案の時、発言している途中で「で、つまり、何が言いたいの？」と問い質《ただ》されてしまったことはありませんか？

例えば社内会議で、部門の負担軽減について提案していたとしましょう。

「了承」を得るのがうまくない人の話し方

「IT部門からの提案なのですが、コロナ禍でテレワークの整備を急いで進めていますが、そもそもITに詳しくない、PCに慣れていない社員もいて会社のクラウドへのアクセスの仕方やセキュリティについての教育など、業務以外のサポートが結構多くなっていまし

て、このままですと、外部ベンダーと本来は打ち合わせに要する時間を社内サポートにまわしているので、なかなか本来の業務の進捗《しんちょく》も止まっている状況でして……」

これは「話がまとまっていない」典型的なパターン。業務がひっ迫している状況を長々と訴えるだけで、肝心の「何を言いたいのか」がいつまでたっても出てきません。これでは、気持ちはわかるけど話のゴールが見えず、「で、何が言いたいの？」と問い質されても仕方ありません。

一方で、要領よく了承を得るのがうまい人がいます。ポイントは、何が言いたいかを「結論ファースト」で端的に伝えていることです。

対面で「了承」を得るのがうまい人の話し方

「ＩＴ部門の社内サポート業務軽減を提案します。というのも、テレワークに関するＩＴ部門のサポート業務急増で本来の業務を圧迫しているからです。

数字で見ると、テレワーク導入前より社内サポートがおよそ30％増えたのに対して、本来の業務である社外のベンダーとの相談頻度がおよそ20％減少しています。
このように、サポート業務負担が、本来業務に関するコミュニケーション機会の減少を招いています。
サポート業務負担軽減策についてまとめたので、ぜひ、ご検討ください」

このように、結論を先に伝えれば話のゴールが見通せるので、多少まわりくどくてもお付き合いしてもらえるはず。結論のあとに詳細を伝えます。そして、関心を持ってもらえた様子なら、「部内で3つの改善案をまとめました。概要を説明します……」と続ければいいのです。

こんな時に便利なのが、**「PREP法《プレップ》」という結論先行の構成法**です。

PREP法は、**Point＝結論、Reason＝理由、Evidence・Example＝根拠や例え、Point＝結論、の順番に話を組み立てる手法**です。話がまとまらない方でも、結論先行で話がしやすくなりますのでおすすめです。

先の「対面で「了承」を得るのがうまい人の話し方」の例も、PREP法で組み立てています。
「IT部門の社内サポート業務軽減を提案します」**↓P＝結論**
「というのも、テレワークに関するIT部門のサポート業務急増で〜」**↓R＝理由**
「数字で見ると、テレワーク導入前より社内サポートが〜」**↓E＝根拠**
「サポート業務負担軽減策についてまとめたので、ぜひ、ご検討ください」**↓P＝結論**
了承を得られる提案をするためにも、PREP法、ぜひ活用してみてください。

＊

オンラインでは、対面以上に結論先行で端的な話し方が求められます。

ただし、気をつけたいことがあります。それは、言い方がきつくなりすぎないようにすることです。

結論を先に伝えると、主張が明確でわかりやすい半面、オンラインでは特に言い方によってはきつい印象にもなります。本来、言いたいことは何でも言い合える関係が理想ですが、実際問題、複雑な人間関係を考えると、ズバリ言うのが難しい場合もあるかと思います。

そんな時には、前後に、

「ほかの部門もコロナ禍で大変な思いをされているのは重々承知しているのですが」

「なにせ、本来の業務が滞《とどこお》っては、かえって業績に悪影響を及ぼさないかと心配しています」

など、クッション言葉を入れるときつい印象が緩和されます。

せっかくの結論が隠れてしまわない程度に緩衝材をはさみながら、結論先行で上手に言いたいことを伝えていきましょう。

自分が話したい順序と、相手が聞きたい順序は違うのです。つい自分が言いたいことを優先にしがちですが、相手が知りたいのは話のゴール。何をしたいか、何をしてほしいか、です。結論ファーストでいきましょう。


POINT!

対面では、結論先行で伝え
オンラインでは、きつくならないように
クッション言葉をはさむ

2 的確な状況説明ができる人が「頭に描いているもの」

あなたが会議で提案の趣旨を説明するとしましょう。現場で起きていることを部外者に説明する時、わかってもらうには事細かく伝えるべきだと思っていませんか？

「状況説明」がうまくない人の話し方

技術部門からですが、講師を立てて、7月上旬にオンラインでのフロントセミナーを担当してほしいという要望が営業サイドからありましたが、これまで対面セミナーを担当していた鈴木さんが異動になってしまったので未経験者が担当するのと、今回はシステムのバージョンが更新して大幅な仕様変更があり、新たに導入事例やデータを用意する必要があるため準備に時間がかかっており、いただいたスケジュールでは間に合わない恐れがあるので、開始時期を2週間程度遅らせてもらえないかという声が上がっています。

話の効果を高めるには、目的によって話す順序を変えるのが効果的です。

前項では、自分の主張を伝えたい時でしたので「結論先行」でした。

今回のケースは、状況説明をする場面での伝え方です。説明が上手な人は、**はじめに全体像を手短に伝えて、話の「地図」を見せている**のです。

対面で「状況説明」がうまい人の話し方

「営業から要望のオンラインセミナーについて、準備時間を考慮して、開始時期を2週間程度後ろにずらし、7月中旬ではどうか？　というご提案です」

（↓何がどうした・何をどうする＝話の地図）

「部内で検討したところ、講師担当者の交代と、セミナーで扱うシステムの大幅な仕様変更があり、要望の7月上旬では準備が間に合わないと判断しました」

（↓概要・理由）

「具体的には、ベテランの鈴木さんが異動となり新担当者に交代するので、部内

リハーサルを行います。また、システムの仕様変更にともない、新しい事例やデータを集めて分析するなどの準備に時間が必要です」（↓こんなこともあります）

「わかりやすい！」と言わせるには、冒頭に「何が、どうした」と、話の概要を短く伝えるのがポイント。

例えば、あなたが動物園を訪れたとしましょう。まずは園内地図を見て、どこにどんな動物がいるとか、休憩施設があるとか、全体の構造を把握してからまわるはず。

話も同じです。わかりやすい説明とは、このようにはじめに話全体の地図を伝えるようなものなのです。

＊

これがオンラインでは、よりわかりやすさが求められます。

対面以上に敬遠されるのは、長々とまとまらない説明です。話の効果は長さと反比例します。説明は細かければいいとは限らないのです。

そこで、オンラインで伝える時にぜひ参考にしたいのがニュースの伝え方です。テレビニュースには画面越しに伝えるヒントが詰まっています。

実は、ニュースでも、不特定多数の視聴者に対して「わかりやすい説明」をするために、はじめに地図を伝える手法を使っています。知っておくと便利なので、ご参考までにニュースの構造をご紹介します。ニュースの構造はおもに3つで構成されています。

特に、画面越しに説明をするオンライン会議では、このニュースの伝え方を使うと、わかりやすさがアップするはずです。

①リードと呼ばれる「何が、どうした」という部分
②ニュースの概要、理由や背景
③「こんなこともあります」という状況や感想、エピソードなど

実際のニュース原稿を例に見ていきましょう。

☆大雪のニュースの例

①リード：

「雪の影響で新潟県内の関越自動車道では1000台以上の車の立ち往生が続いています」

②概要：

「今のところ、解消する見通しは立たず、東日本高速道路は新潟県を通じて陸上自衛隊に除雪作業などへの支援を要請することにしています」

③状況の詳細：

「立ち往生している車に乗っている男性は、『午後5時ごろから9時間ほど、車はほとんど動いていません。ここまで雪が降るとは思わず、食料や水はありません。これからどうなるか情報もほとんどなく不安です』と話していました」

解説をすると、「地図」に当たるのが、「①リード」です。この「リード」では、あくまで「何が、どうした」がわかればOK。5W1Hのすべてが含まれなくても大丈夫です。目安として**15秒以内、文字数で80文字以内**がおすすめです。

次に、②ニュースの概要、理由や背景、③「こんなこともあります」という状況や感想、エピソードなどです。

このニュースの伝え方の便利なところは、もし時間がなくなったら「下からカット」できること。

重要性が高い順に構成してあるので、例えば急に「手短にお願い」と言われた時に、「下からカット」で慌てずに対応できます。

ニュース現場は常に時間との戦いなので、こんなふうに「制限時間に合わせて切る」柔軟な対応をしているのです。

ただ、一般のオンラインでは、おそらくそこまで厳密ではないでしょう。

そこで押さえたいのは、説明する時には**話す優先順位をしっかり決めて、取捨選択をすること**。スピーディにわかりやすく伝え、離脱を防ぐ。オンライン時代に必須の伝え方です。


POINT!

対面では、話の全体地図を先に伝え
オンラインでは、さらに優先順位を決めて
取捨選択をする

3 会議や商談でウケがいい人の「時間感覚」

突然ですが、話の長さは、どのくらいが適切なのか、おわかりになりますでしょうか？

例えば結婚式の祝辞や企業のパーティでのスピーチで、「長い」と思われない適当な長さは3分。話すスピードにもよりますが、およそ800字前後と言われています。

では、会議や商談での発言はどうでしょうか？


「会議・商談」でウケがよくない人の話し方

会議で、時間を意識せずにしゃべり続ける

人は、話に夢中になると、つい時間を忘れてしまうもの。しかし長い話は嫌われます。時間をわきまえないと、周囲を無視して一人で突っ走る人、という印象を与えてしまいます。

では、「わきまえている人」は、どのようにしているのでしょうか？　**ポイントは1回の発言を30秒程度でテンポよく相手に渡している**ことです。

対面の「会議・商談」でウケがいい人の話し方

1回の発言を30秒程度にとどめる

30秒というと短いと思うかもしれません。しかし、30秒あれば、たいがいのことの概要は話せます。もし、複数のことを話したいのであれば、先に「今日話したいことは3点です」と伝えたあとに1つずつ、30秒×3回に分けて、それぞれの詳細を伝えます。その上で、質問に答える形式で話を進めていけばいいのです。

実は、テレビやラジオのニュースでも30秒にまとめて伝えています。もちろん、大きなニュースになるとインタビューや解説などが入るので時間は多少長くなりますが、一般的によく目にしたり耳にしたりしているニュースは30秒程度なのです。

前項の大雪のニュースを見てみましょう。

「雪の影響で新潟県内の関越自動車道では1000台以上の車の立ち往生が続いています。（7秒）
今のところ、解消する見通しは立たず、東日本高速道路は新潟県を通じて陸上自衛隊に除雪作業などへの支援を要請することにしています。（10秒）
立ち往生している車に乗っている男性は、
『午後5時ごろから9時間ほど、車はほとんど動いていません。（9秒）
ここまで雪が降るとは思わず食料や水はありません。（4秒）
これからどうなるか情報もほとんどなく不安です』と話していました。（5秒）」

これで約35秒です。前項、前々項で紹介している「結論先行」や「全体の地図を先に伝える」方法で、話を短く編集できます。ぜひ試してください。

＊

一方、オンラインではどうでしょうか？

当然、オンラインでも30秒トークは有効です。

さらに「わきまえている人」を目指すなら、**「一文を短く」するのがポイント**です。

なぜ、オンラインでは、一文をより短くしたいかというと、理由は日本語の構造にあります。

例えば、「私は、このケーキが好きです」「私は、このケーキが好きではありません」のように、日本語では最後まで聞かないと肯定、否定がわからず、何を言いたいのか確認できません。

そのため一文が長いと、聞いている人が発言の意図を追い続けなくてはならず疲れてしまいます。オンラインでは、対面以上に相手を疲れさせない配慮が必要なので、一文を短くするのです。

対面でもセミナーなど長時間話す時におすすめです。短くする目安としては、**一文を普段の3分の2以下に圧縮すること**を意識します。

例文を見てみましょう。

オンライン「会議・商談」でウケがいい人の話し方

・Before
「ジュニア選手が世界で活躍するためには、世界で戦う体をつくる十分な栄養サポートが必要で、技術の習得サポートよりも先に整えるべきではないでしょうか？」（69文字）

・After
「世界で活躍するジュニア選手育成には、技術より体づくりの栄養サポートが先です」（36文字）

一文が36文字、約半分になりました。

こんなふうに単にカットするのではなく、同じ意味になる短いフレーズに置き換えられないかを考えます。

できるだけ重複する言葉や、なくても意味が通じる言葉を削り落として、ギリギリの要点まで絞り込めば、30秒前後でも充実した内容になるはずです。

オンラインミーティングやセミナーでは、カメラをオフにして参加している相手もいて、みんなが集中して聞いているとは限りません。だからこそ、時間をわきまえた密度の濃い話で、好意的に耳を貸してもらいましょう。

POINT!

対面、オンラインとも
1回の発言は30秒を目安にし
オンラインでは、さらに一文を短くする

4 難しい話をわかりやすく伝えられる「置き換え話法」

大学教授や研究者の話を聞いていて、説明が専門的すぎて、難しくてわかりにくいと感じることはないでしょうか？

例えば、医師がある市民向けセミナーで血液の成分「血しょう」について説明をしたとしましょう

「わかりやすく」伝えられない人の話し方

「血しょうは、血液の細胞以外の成分でして、血液の約60％を占め、残り40％が血球で、赤血球、白血球、血小板です。血液を試験管に入れて遠心分離すると上《じょう》清《せい》として得られる黄色い液体成分が血しょうです」

医療従事者にとっては当たり前でも、一般の方にとって普段聞きなれない言葉が交じっていると「難しい」「わかりにくい」と思われがちです。

では、話がうまい人は、こういった専門的な内容を一般の人に伝える時、どう話しているのでしょうか？　わかりやすく伝えられる人は、**「相手の知っているものに置き換え」**をしているのです。

対面で「わかりやすく」伝えられる人の話し方

「血液は、血しょうという液体と赤血球、白血球という血球成分に分けられます。

血しょうは液体成分だから、タピオカミルクティーに例えるとミルクティー部分。

そして血球成分の赤血球、白血球がタピオカ。

血液の成分はこんなふうに分けられます」

ある医師がテレビで、ヒトの血液に含まれる成分を「若い層が知っているもの」＝タピオカミルクティーに置き換えて、わかりやすく解説をしていました。これなら一瞬で「血液の成分は液体と球体なのか」とイメージがつきます。

人は、頭の中で過去の記憶と言葉が結び付くと「イメージ」として映像が浮かび、「わかった」と納得すると言われています。このように「相手が知っていること」に置き換えることで、スピーディな理解を助けることができるのです。

＊

オンラインでは伝達手段が限られているので、この「置き換え」を積極的に活用したいところです。

例えばPCを購入する時に、担当者に「どれがおすすめですか？」と質問をしたとしましょう。お客様が知っていそうなことに置き換えた説明ならこうなります。

オンラインで「わかりやすく」伝えられる人の話し方

「PCを選ぶ時には、3つのポイントで選んでください。
まず、PCの頭脳がCPU。回転の速い頭脳は速く作業ができます。

次にメモリ。これは机の上です。机の上が広ければ、たくさんの作業がいっぺんにできます。

そして、引き出しがHDD。引き出しが多ければ、たくさんのものを保存できます。

この3つの数字が大きいと、それだけ高性能です」

このように、PCを頭脳、机の上、引き出しなど、知っているものに例えてもらうと、素人でもすぐにイメージできて、購入アドバイスとしてとても助かります。

職場の部下と上司の間でも「言葉が伝わらない」悲劇はよくある話です。

ある企業の営業本部長が、100名が所属する部門のキックオフミーティングでチームを鼓舞《こぶ》するスピーチをしました。しかしメンバーの大半は無反応でやる気が感じられなかったと嘆いていました。

実はこの方、MBA（経営学修士）を取得したばかりで、そのスピーチにはMBAで学んだ学術用語が頻繁に出てきていました。もしかしたらメンバーはやる気がないのではなくて、スピーチで使った言葉の意味が十分に理解できなかったのかもしれないと反省されていました。

リーダー的な立場の方、講師、専門職の方は、ご自身の知識や体験を対象者に「わかりやすく」シェアできてこそ、「わかりました。やってみます！」という行動や「わかりました。ありがとうございます」という感謝につながります。

「使う言葉」の意味が伝わらない悲劇は、案外あなたの身近なところでも起きているかもしれません。ぜひ、「置き換え」で解消しましょう。

POINT!

対面では、
相手が知っているものに置き換え
オンラインでは、
置き換えをより身近なものにする

5 会議のファシリテーションは「フォローの工夫」でうまくいく！

自分が知らない話題で盛り上がっていると、何となく置き去りにされたようなさみしい気持ちになります。会議でも、参加者を置き去りにする事態がたびたび起きています。

例えば、外部のスタッフを含めたミーティングで、メンバー外の社員を話題にしたとしましょう。

「ファシリテーション」がうまくない人の話し方

「（そこにいる全員が知らない）田島さんが今回の窓口なので、納期の心配はないと思います」

外部スタッフは、面識がない田島さんの名前を出されても、誰のことかわかりません。

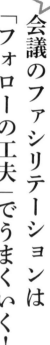

決して発言者に悪気はないのですが、参加者に「?」を与えてしまいます。

気軽に「どなたですか?」と聞ける雰囲気ならいいのですが、「話の腰を折らないように」と遠慮をして聞きにくい状況だと、内心、「内輪の話をされて疎外感がある」と思われてしまっているかもしれません。

では、うまく会議を助ける人はどうしているでしょうか? うまい人はまわりの反応を見て、「わからなそうにしている人」がいたら、すかさずフォローをしているのです。

対面で「ファシリテーション」がうまい人の話し方

> 「田島さんが今回の窓口なので、納期の心配はないかと思います。
> ……ちなみに、田島さんとは、工場に顔が利くベテラン社員です」

リアルの場なら、参加者の表情が見て取れますので、すぐあとに補足説明を入れてあげればいいでしょう。

「そう言えば、今話題に上がった人物は、みんな面識がなかったかな」「その情報は知らないかもしれない」と気づいたら、その都度、「○○さんというのは、こういう人です」とか、「今、話題にのぼった○○について、簡単に補足させていただくと△△ということです」などと、全体が同じ理解度で進むように短く補足説明を入れてあげるのがコツです。

＊

では、オンラインではどうでしょうか？

オンラインは、参加者の細かな表情を確認するのが難しいため、「この話は、きっと前提を説明しないとわからないだろうな」と予測して、先まわりをして補足情報を自ら「ひと言解説」として加えるのがポイントです。

オンラインで「ファシリテーション」がうまい人の話し方

「今回、工場に顔が利く社員の田島さんが窓口なので、納期に関してはまず心配ないかと思います」

田島さんは何者か、先にひと言解説が入れば、全員がスムーズに話の流れに乗っていけます。さらりとした心遣いです。

実はこれ、頻繁にテレビでも使っていました。視聴率10％超の番組を担当していた当時のこと。10％というと、1000万人が見ていると言われていました。子どもから高齢者まで、あらゆる視聴者を置き去りにしないために使っていたのが、この「ひと言解説」でした。

例えば、スポーツニュースで伝える時、

×「山本昌《まさ》選手が快挙です」

○**「現役最年長、山本昌選手が快挙です」**

野球に興味がない人でも、「現役最年長」とひと言解説を入れれば、なぜニュースで取り上げるのか、その理由がわかります。

職場でも同じです。例えば社内広報の場面です。

×「広報の佐藤さんのインタビュー記事が雑誌に掲載されました」

○**「ブランディングの仕掛人、広報部の佐藤さんのインタビュー記事が雑誌に掲載されました」**

大企業だと、社内でも部署が違うと各人どんな仕事をしているかわからないものです。

そこで雑誌記事を読んでもらうには、「ひと言解説」です。

広報の佐藤さんが何者かわかれば、記事を興味深く読む社員が増えるはずです。


いかがでしょうか？　特にオンラインでは、こうした気遣いが場の雰囲気をつくり、参加者の参加意欲にも影響を与えます。一人として置き去りにすることがないよう、全員を話の流れに乗せてミーティングのゴールまでナビゲートしましょう。

オンラインの普及につれて、ますますこうしたモデレーターと呼ばれる進行を助ける人への注目度が高まっています。

「相手を置き去りにしない」支援は、その場の雰囲気づくりに一役買うことになります。

「コミュニケーション能力」として磨いていきたいですね。


POINT!

対面では、
わからなそうな人がいたらすかさず補足し
オンラインでは、
先まわりしてひと言解説をする

6 セミナー、プレゼンで話の抑揚《メリハリ》が自然に出る「イメージ話法」

セミナーやプレゼンで気持ちを動かしたいと思っているのに、「言葉に気持ちがこもっていない」「本気度が伝わらない」「熱意が感じられない」と言われることはありませんか？

「気持ち」がうまく伝わらない人の話し方

一本調子で話す

そんな時に確認してほしいのが「表現力」です。本人は一生懸命に伝えているつもりでも、一本調子の話し方だと「熱意が伝わらない」と言われてしまいかねません。

原稿やパワーポイントを読むだけだと、単なる文章の読み上げになってしまい、一本調子で機械的な話し方になります。特に正確に伝えなければいけない、間違えてはいけない、という気持ちが強すぎると言葉に気持ちが乗りません。

人は感情の動物なので、残念ながら気持ちが伝わらなければ理屈だけでは動きません。

コロナ禍、各国の首脳や各分野の専門家の会見をメディアで目にする機会が増えました。多くの人が「感動した」「共感した」というトップのスピーチは、思いが伝わる「抑揚」「間」を駆使した表現力が豊かです。お気づきになりましたか？

一方で、原稿の棒読みで気持ちがこもっていないと感じる会見もありました。

しかし「言うは易《やす》く、行うは難《かた》し」。実際に自分がやってみると、気持ちが伝わる抑揚をつけるのはなかなか難しいものです。

では、うまい人はどのように抑揚をつけて表現力豊かに話しているのでしょう。

それには、**「内容をイメージしながら話す」**ことです。


対面で「気持ち」がうまく伝わる人の話し方

内容をイメージしながら話す

2104教-A

内容をイメージするとは、言い換えると、頭の中に絵を描くこと。発する言葉を頭の中で映像化しながら話すのがポイントです。

例えば「酸っぱい梅干し」とイメージしながら言ってください。口の中に酸味がじわりと広がりませんか？　もしかしたら、顔がしわくちゃになったかもしれません。すると話し方にも自然な抑揚がついてくるのです。

＊

これがオンラインではどうなるでしょうか？

前述したように、オンラインでは感情が伝わりにくいので、対面の3割増しの豊かな表現力を発揮する必要があります。そこで、画面越しのコミュニケーションは、**Webカメラの向こう、4～5メートル先に声を山なりに放つようにしゃべるのがコツ**です。

オンラインで「気持ち」がうまく伝わる人の話し方

4～5メートル先に声を山なりに届ける

声を山なりに遠くに放つイメージで伝えると、自然な抑揚がつきます。

実際、アナウンサーはスタジオでカメラに向かって、遠くに声を放つようにしゃべっています。すると、視聴者に話しかけているように受け取ってもらえます。
一本調子を改善したい方は、お腹に少し力を入れて、4～5メートル先に声を届けるように話す方法を、ぜひ試してください。

POINT!

対面では、内容をイメージしながら話し オンラインでは、さらに4～5メートル先に 声を山なりで届ける

Column 3

自宅で簡単にできる！ 言葉により気持ちを乗せる練習法

ここでは自宅で簡単にできる、話に抑揚をつける練習方法をご紹介します。本来、表現力を磨くためには、もう少し詳しい技法や練習法もありますが、実践しやすい練習法をお伝えします。

その1：話を際立たせたい部分に、強弱、高低、スピードの緩急、間を使う

・強弱

強く「本日、どうぞ、これだけは覚えて帰ってください」

弱く「ここだけの話ですが……」

・スピード

速く「納期に間に合うように急いで仕上げます」

遅く「たまには、ゆうっくりランチミーティングも、いいものです」

・高低

高く「さて（↗）、突然ですが」……場面転換など

低く「この提案、いかがでしょうか（↘）」……説得力を持たせる場面など

・**間**

①期待させるフレーズの前に間を取る

「私のモットーは…（間）…情熱です」

②質問や呼びかけのあとに間を取って、聞いている人と気持ちの交流を図る

「みなさんは、どうお考えですか？…（間）…」

間を取る時に黙る目安は3拍です。この時に、**心の中で「いち、にい、さん」と数えてください。**

その2：ニュース原稿で練習をする

文章を使って抑揚の練習をしたい、という方におすすめの方法があります。それはテレビニュースの原稿を声に出して読む練習法です。

ビジネスシーンでは情報を伝えることが多いため、文学作品の朗読で抑揚の練習をするよりもニュースのほうが実践的です。

テレビニュースの動画と原稿は、テレビ局のWebページに無料公開されているので、アナウンサーの読んだニュースを再生して、次に同じ原稿を読んでみます。そして自分の話を録音して聞き返します。ニュースの内容はなるべく自分が普段ビジネスで扱うジャンルを選びましょう。

話し方レッスンで音声を録音して聞き返してもらうと、みなさん、口を揃えて「こんなに自分の話し方が一本調子で、つまらないとは思わなかった」と愕然《がくぜん》とされます。はじめて練習する時には「やりすぎ」と思うくらい抑揚をつけてちょうどいいのです。

ぜひ、録音して聞き返しながら、客観的に「本気度が伝わる抑揚レベル」を探り当ててください。

POINT!

オンラインでは、慣れるまでは、わざとらしいくらいに話に抑揚、間を意識して練習する

7

セミナー、プレゼンで心に届く「あえて、きれいに話さない」話し方

例えば、あなたが店頭で新商品のキャンペーントークをしていたとしましょう。でも、お客さんの反応はイマイチ……。

それなりにメリットのある話をしているつもりなのに、なぜか盛り上がらないなと感じたら、それはあなたの話し方が型通りで、「堅い」「面白みがない」からかもしれません。

心に届かない人の話し方

「来月に、Ｆ５－12という新機種が発売されます」

正しい日本語、正しい文法を使うことは大切ですが、それにあまりとらわれすぎると話に面白みが失われます。新商品のお披露目《ひろめ》会やセミナー、プレゼンテーションなどで場を

盛り上げたい時には、これでは盛り上がらないでしょう。それは、ビジネス文書のように文章のルールに沿った話し方だからです。

報告書などルールに沿って書かれた文章は、論理的で理解しやすい半面、淡白になる傾向があります。セミナーやプレゼンなど、相手の感情を揺さぶりたい時には、これでは聞く人の心にまったく刺さらないのです。

では、巧みに相手の心を動かす人はどうしているのでしょうか？

上手に心を動かす人は、伝えたいポイントを「話し言葉」に変換しているのです。

対面で「心に届く」話し方

「いよいよ来月、新機種発売！　それがこちらのF5－12です」

私たちが使っている言葉は、会話をする時の言葉「話し言葉（口語）」と、文章に用いる言葉「書き言葉（文語）」の2つに分類されます。

会話は素早い意思の伝達や感情の共有が求められるため、くだけた表現になりやすく、単語の順番が乱れがちになるなど、文法的に適切ではない表現も多くなります。
しかし、そのほうがかえって直感的で共感を与え、訴求力、躍動感が高まるのです。

偉そうなことを言っていますが、実は昔、通販番組を担当した時、まったく売れなくて降板した苦《にが》い過去があります。そのことを、つい最近、通販で伝説の売り上げを誇る達人に話したところ、「通販番組では、きれいに話すと売れないんですよ」と教えてくれました。もっと早く気づいていたら、私ももう少し担当を続けられていたかもしれません。
では、実際に「話し言葉」の例を見ていきましょう。

例えば、

Before「私が太鼓判を押しているのだから、あなたもできます」

というフレーズの助詞「も」を抜いてみましょう。

After「私が太鼓判を押します。あなた、できます」

「あなた、できます」というフレーズが強調されて説得力が高まりました。

次に、「言葉を並べ替える方法」を使うとどうでしょうか？

Before「来月に、F5－12という新機種が発売されます」

というフレーズが、

After「いよいよ来月、新機種発売！　それがこちらのF5－12です」

となって、言葉の勢いがグンと増しました。

先に「新機種発売」と伝え、期待感を膨らませた上で商品名を言うと、より注意を引くことができます。話し言葉の訴求力は、セミナーやプレゼンで、スライド資料の説明でも効果を発揮します。スライド資料にある文語体の文章をそのまま読まずに、話し言葉に変換して説明するのです。

また、ターゲットへの強いメッセージが求められるキャッチコピーなども、話し言葉を使うと目に止まりやすくなります。

＊

オンラインでは、さらに枠にとらわれず、もっと自由な表現で楽しく訴求していきます。

例えばセミナーやYouTube動画で盛り上げたい時に「擬音で効果音」をつけて演出をするのもいいでしょう。

オンラインで「心に届く」話し方

「来月、いよいよ新機種発売！　それがジャジャーン！　F5－12です。パチパチパチパチ〈拍手を入れる〉」（口頭の擬音による効果音をつけてから、商品を見せる）

オンラインセミナーやイベントで参加者のテンションを上げたいなら、このくらい話し方で盛り上げてみましょう。

ちなみにYouTubeはご覧になりますか？　ビジネス系YouTube動画登録者数1位の中田敦彦氏のYouTube大学は、巧みな「話し言葉」の宝庫です。

中田さんのしゃべっている言葉を文字に起こすと、決してきれいな書き言葉ではありませんが、言葉のリズム、迫力があって視聴者を楽しませています。例えば、

「言語化してあるんですね、この本は！　面白いですね～」

もし、これを文法通りに並べ替えたらどうでしょうか？

「これは、言語化してある面白い本です」

インパクトが薄くなりますよね。普段ビジネス文章に慣れていて文章がうまい人ほど、セミナーやプレゼンで正しくしゃべろうとしがちです。

ぜひ、ここぞ！という時には「正しく話すべき」という枠を外してください。そのほうがターゲットの心により近づけるはずです。

POINT!

対面では、話し言葉を使い
オンラインでは、さらに効果音で演出する

8 会議、セミナーで信頼される人は「話のノイズをカット」するのがうまい

無くて七癖といいますが、話し方にも人それぞれクセがあります。長時間のセミナーや会議などでは、話しグセが気になってしまい、内容が入ってこないこと、ありませんか？

話が頭に入ってこない人の話し方

・言葉グセが多い
「え〜」「あの〜」「まあ〜」

・余計な言葉が多い
「今回お申し込みのプランのほうですが、え〜来月からサービス開始という形にさせていただきますが、え〜それ自体は特に問題ない感じでしょうか……？」

例えば、「え〜」という発話。緊張すると多くなる方や、話しやすいように調子を取るために発話している方、考えている間、黙るのが怖くて、つい発してしまうタイプなどさまざまですが、無意識に言葉グセになっている方は結構多いようです。

また、「〜のほう」や「〜の形」という言葉を、クッション言葉や接遇用語のつもりでよく使う人がいますが、正しい使い方ではありませんのでオフィシャルな場ではご注意ください。

こうした話しグセが頻繁になると、話の伝達効果を妨げるノイズになってしまうので要注意です。

別の角度から見ると、実はこうやって無駄な言葉で話を水増しすると、本当はたいしたことを言っていないのに、一見、もっともらしく聞こえるのです。「もしかしたら、この人、浅い内容をカムフラージュしたいのか？　煙《けむ》に巻きたいのか？」と勘ぐられないようにご用心。

では、話がスッキリ頭に入ってくる人は、どうしているでしょうか？　そういう人は無駄な言葉を除去し、ノイズをカットして、必要な言葉だけを届けているのです。

対面で「話が頭に入ってくる」人の話し方

「今回お申し込みのプランは、来月からサービス開始となります。よろしいでしょうか？」

こんなふうに、言葉グセがなくなると、必要なことだけが耳に届くので、たとえ長時間聞いても疲れませんし、集中力も途切れません。

ご参考までに、意味なく使ってしまいがちな言葉の例です。

「～のほう」「～という形」「～に対して」「～自体」「～みたいな」「～な感じ」「～のよう」「～かな」「～とか」「～的には」……。

「という見方もできるという意見もございまして」。こんな官僚の答弁のようなまわりくどい言いまわしも、結局何を言いたいのかわかりません。

＊

オンラインの場合も言葉グセは少ないほうがいいことは間違いありません。

さらに、画面越しに意思をしっかり伝えたい時に外せないポイントがあります。それは、

語尾のノイズをカットして、「です」「ます」と言い切ることです。

例えば、プレゼンテーションの時に「では、次にいきたいと思います」「実践したいと思います」「こちらがおすすめだと思います」というように「思います」を乱用する方がいます。「思う」という言葉は、思うだけで行動するかしないかは別だということ。これでは呼びかけたい時や協力を取り付けたい時には、メッセージとして弱いのです。

こうした曖昧な語尾も話の効果を妨げる「ノイズ」です。

オンラインで「話が頭に入ってくる」人の話し方

「では次に進みます」「実践します」「こちらがおすすめです」

と語尾をしっかり言い切りましょう。

テレビの現場では、言い切る自信がない時には発言するな、と指導されました。ビジネスでも責任が持てない発言はしないのは当然です。もし言い切る自信がない時には、例えば、

「ここまでは確証が持てます。ここからは、あくまで論文を読んだ見解なので、もし間違っていたらご指摘ください」

というように、正直に理由を伝えて、曖昧に誤魔化さないことです。それが何より信頼につながります。

上司や取引先への報告では、時には逃げ道をつくっておきたいこともあります。しかし、煮え切らない語尾を使ってばかりいると、「本当にやる気あるの？」と言われかねません。

言葉のクセは、心のクセ（思考のクセ）とも言われています。言葉のクセを改善して、ぜひ自分の発する言葉に責任を持ちましょう。

POINT!

対面では、言葉のノイズを省き
オンラインで、語尾を言い切る

Column 4

話の影響力、説得力は「声の出し方」と「滑舌」で変わる

あなたのまわりには、会議やプレゼンで声が小さくて話が聞き取れない人はいませんか？せっかく話の内容が充実していても、声が小さいと内容が伝わりにくいだけでなく、自信がなさそうに聞こえ、かなり損をしてしまいます。

優秀なビジネスパーソンでも声の悩みを抱えている方は案外多くて、私の話し方レッスンにもよくいらっしゃいます。

例えば、声が小さく通りにくい、大きな声を出そうとすると声がかれてしまう、高い声で聞きにくいと言われてしまう、そもそも自分の声が好きじゃないなど、悩みはさまざまです。話し方や声の出し方は、学校や会社で教えてくれないので、一人で悩んでコンプレックスになってしまうのです。

一方、いつも堂々と明るく伸びやかな声で話す人がいます。そういう人はどんなふうに声を出しているのでしょう。

影響力ある声で話すポイントは、**息をたっぷり使う**ことです。

では、息をたっぷり使って話すにはどうしたらいいでしょうか?

たっぷり息を使うには、深く息を吸って、お腹を膨らませて力を込めます。これがいわゆる「お腹から声を出す」ための準備です。声が小さくて通りにくい人は、話し始める段階で、たいていこの準備ができていません。しっかり声を出すためには、この状態から話し始めるのがコツです。

余裕がある人は、これに笑顔をプラスしてください。笑顔は、明るい声をつくります。伝わる声のポイントは「お腹」と「笑顔」と覚えてください。

これがオンラインになると、視覚と聴覚だけの限られたコミュニケーションのため、声の影響力は対面以上に重要です。

そこで、オンラインでより声の影響力を高めたい時におすすめしたいのが、**「鼻呼吸」**です。

鼻呼吸は、深い息をたっぷり吸えるので、声量が増してボソボソ声が改善されます。

テレワークをしていると数時間話さないこともよくあるかもしれません。声を出さずにいると、呼吸も浅くなりがちです。これでは伸びやかな声が出にくくなります。

そこで、オンライン会議等の前には「鼻呼吸」を含め、次のような声の調子を整えるウォーミングアップをおすすめします。

☆オンラインで影響力を高める声のウォーミングアップ法

①首や肩の力を抜き、軽く回してリラックスをします。

②大きなあくびをします。大きなあくびをすると、喉《のど》の力みが取れます。

③鼻呼吸でお腹が膨らむくらいたっぷり息を吸います。吸い込む息が増えると声量が増して、声が聞き取りやすくなります。

④お腹に外向きの力を込めた状態で、たっぷり息を使って話します。これでさらに聞き取りやすく安定した声になります。

⑤仕上げは笑顔。笑顔だと声のトーンが明るくなります。

リラックスしたい時には、鼻から深く息を吸い、口から長く息を吐く呼吸をゆっくり繰り返します。深い息は副交感神経を優位にして気持ちのリフレッシュにもなるのでおすすめです。

声とともに、滑舌《かつぜつ》の良し悪しも、話の影響力・説得力に大きな影響を与えます。

特にリーダー層、お客様との接点を持つ営業、そして講師や就活の場では、滑舌の良し悪しが聞く人に与える影響を軽視してはいけません。

言葉を聞き取りやすく発するには、どんなことに注意したらいいでしょうか？

それは、「口を縦に」開くことです。

日本語は「あいうえお」の5つの母音からなっています。そして、それぞれに正しい口の開き方があり、それができると明瞭な音になります。

これまで多くの方の話し方をチェックする機会がありましたが、滑舌が悪い人の特徴として、ほとんど口を開いていないのです。なかでも「あ」の段は口を縦に開く音ですが、縦に開かず、横開きになりがちです。

そこで簡単な改善方法として、「あ」の段「あ、か、さ、た、な、は、ま、や、ら、わ」

を意識して口を縦に開けてみます。大事な会議やプレゼンなどの前に行うと、言葉が聞き取りやすくなります。ぜひ、鏡を見て口が縦に開いているか確認しながら練習をしてください。

実は、滑舌、発音は、表情筋や唇《くちびる》、舌などの筋力が関係しています。口が開かないのも表情筋が硬くなっているからです。ＰＣに向かって作業する時間が長くてあまり話さない方は、年齢に関係なく話すための筋力が衰えています。

もし、頻繁に言葉を噛んでしまう、聞き間違えられることが多い、聞き直されることが多いという方は、話す筋力を鍛えて滑舌、発音の改善をおすすめします。

POINT!

息をたっぷり使い、意識して口を縦に開けて話すようにする

9 プレゼン、説明会で関心を引きつけられる人の「視線の使い方」

例えば、あなたが説明会を担当するとします。説明を始めようとしたら、参加者は手元の資料やパンフレットを見ていて自分に注目をしていない。そんな時、どうしますか？

関心を引きつけられない人の話し方

参加者が注意散漫な様子でも気にせず進める

逆の立場で、自分が参加者だとしたら、手元の資料が気になると、つい目を通したくなる気持ちはわかります。そんな時は、講師の声は聞こえていても話の内容は上の空《うわのそら》。残念ながら説明は右から左に聞き流されて記憶には残りません。

電車でスマートフォンに夢中になり、車内アナウンスを聞き逃してつい乗り越してしまったという経験はありませんか？　これはアナウンスが耳に音として入っていても右から左に抜けていく「聞く」の状態です。講師の説明とは別の資料に注目している時、まさにこれと同じ状態です。

では、参加者の注意を引きつけるプレゼンがうまい人はどうしているのかというと、**参加者の視線をうまく誘導して、話を「聴く」状態にしている**のです。

対面で「関心を引きつけられる」人の話し方

「こちらのスライドをご覧ください」と言って指し示し、全員が見るまで待つ

セミナーや説明会で成果を上げたいなら、参加者を「聞く」の状態から積極的に話に耳を傾ける「聴く」の状態に持っていくこと。「聴く」の状態とは、耳だけでなく目と心を話す人に向けて全身で聴くことです。

では、注意散漫な人を「聴く」状態にするにはどうしたらいいでしょうか？

人は目が向くところに意識も向きます。そこで自分が説明したい箇所を見てもらうよう

に声がけをするのがポイントです。

例えば、スライドを使って説明をする場合には、全体に「**こちらのスライドをご覧ください**」と伝えて、全員が視線を向けるまで待ちます。手元の資料を見てほしい時には「**お手元の資料の○ページを開いてください**」と見る箇所を指示して、参加者を見まわしながら目で促すのです。「**○行目の赤文字をご覧ください**」など、さらに細かく視線を誘導すると脱落者を減らせます。

ちなみに、ベテラン営業パーソンは口頭でパンフレットの説明をしながら、お客様の視線を追って、どこで目が留まっているかを見て興味のありかの察しをつけるそうです。

＊

一方、オンラインではどうでしょうか？

オンラインが難しいのは、相手がどこを見ているか、視線の確認ができないことです。そのためＰＣで資料を共有している時にはマウスをポインターにするなどして、スライド上の見てほしい部分に視線を誘導するのがポイントです。

オンラインで「関心を引きつけられる」人の話し方

資料の見てほしいところをポインターで指しながら話す

こうすれば、見ている内容と聞いている内容が一致するので、説明が頭に入りやすくなり、脱落者を減らせます。

もしポインターを使わない時には、1枚のスライドの文字数をできるだけ少なくしておきましょう。

さて、ここまでは相手の視線についてでした。実はオンラインの場合、もう1つ大事なことがあります。

それが**自分の視線**です。というのも、同じ空間にいれば、よそ見をしても、その先に何があるかわかりますが、オンラインでは何を見ているのかが見えないため不安になるからです。

そこで、**もし自分がカメラから目線を外す場合には、どこを見ているかを伝えて安心させてあげましょう**。実際に、面接の際に採用担当者が手元の履歴書資料を見ながら面談をしていたら、終了後に応募者から「担当者が下ばかり向いて私の話をちゃんと聞いてくれなかった」とアンケートに書かれてしまったことがあるそうです。事前に「**手元の資料を見ながら面談をします**」と伝えておけば、誤解も生じなかったはずです。

セミナーの時にも、

「**本日はモニターを2つ並べているので、時々目線が右に行くかもしれません**」

「**今日は対面とオンラインで同時に講義をしているので、対面の受講者を見て講義を進めます。私からは、オンライン参加のみなさんのお顔はモニターで見えていますのでご安心ください**」

と前もって伝えておけば受講者も安心します。相手も自分も視線は大事です。慎重に扱いましょう。

POINT!

対面では、相手の視線を口頭で誘導しオンラインでは、共有資料で見てほしいところをポインターで誘導する

10 セミナー、説明会で脱落者を出さない資料の示し方とは？

セミナーや説明会、プレゼンテーション……。文字がびっしり書いてあるスライド資料を見ながら講師がスライドの文章を読み上げているのを聞いていて、つい眠くなってしまったことはありませんか？

「脱落者」を出してしまう人の伝え方

文字だらけのスライドの文章を読み上げ続ける

・スライドの例

世界保健機関（ＷＨＯ）は微小粒子状物質「ＰＭ２・５」などによる大気汚染が世界的に拡大を続けており、肺がんや呼吸器疾患などで年間約７００万人が死亡しているとみられると発表した。世界人口の約90％が汚染された大気の下で暮らし、健康被害のリスクがあると指摘している。

（出典：世界保健機関（ＷＨＯ）「大気汚染と子供の健康に関する報告書」２０１８）

学生時代、勉強をしようと教科書を開いてしばらくすると、よく睡魔が襲ってきたものです。聞くところによると、文字を読み続けるといった単調作業が続くと眠くなってしまう脳のメカニズムがあるそうです。

スライドを読み上げるだけのセミナーは、受講者の貴重な時間を奪っているのかもしれません。というのも、読み上げるだけなら、資料を配布して「時間がある時に読んでおいてください」と言えば済みますし、わざわざ集まらなくても解説入りの録音や録画で十分だからです。

では、睡魔を誘わずに資料を上手に見せる人はどうしているのでしょう。それには**1スライド1メッセージ**にしているのです。

対面で「脱落者」を出さない人の伝え方

1スライド1メッセージにする

・スライドの例
（1枚目）深刻化する大気汚染による健康被害〈見出し〉
肺がんや呼吸器疾患による死者数　年間約700万人／世界
（2016年時点）
（2枚目）肺がんや呼吸器疾患による死者数増の原因〈見出し〉
・微小粒子状物質（PM2・5）などの大気汚染が世界中に拡大
・世界人口の約90％が汚染された大気の下で暮らす

狙いは、ひと目でわかるようにすること。そのため1スライド1メッセージでシンプルにして、スライドには1枚ずつ見出しを付けるのです。

見出しは、13文字～20文字程度で一番上に配置します。13文字は人間が一瞬で読める文字数と言われていて、ヤフーニュースの見出しは13文字以内で構成されています。

もう1つのポイントは、内容は文章ではなく、箇条書きにすることです。重要項目やキーワードを箇条書きにして口頭で肉づけしていけば、受講者はスライドと講師の両方に意識が向いて飽きずに参加できます。説明項目が多くなるときには、スライド資料と別に配布資料を用意しましょう。

＊

さて、オンラインではどうでしょうか?

PCで資料を共有すると画面に大きく映るので、すぐにスライド資料を読み終わってしまいます。そのため、わかりやすいようにとゆっくり読み上げてしまうと、逆に退屈させてしまうことになります。

実際、あるITスキルの講師が、オンラインセミナーでわかりやすく伝えようとして共有資料をゆっくり読み上げていたところ、アンケートに「退屈。リアルタイムで受講している意味がない。まるでe-ラーニングだ」と数名に書かれてしまったそうです。

講師としては、よかれと思ったことが、皮肉にも受講者満足度を下げる結果になってしまったというわけです。

このことからもわかるように、リアルタイムで参加する方は画面共有以上の情報発信やコミュニケーションを求めています。

そこで、オンラインでは、資料の書き方だけでなく**「資料を紙芝居風に見せる」**こともおすすめです。

オンラインで「脱落者」を出さない人の伝え方

「大気汚染の深刻化を表すデータをご覧ください」（紙芝居風のつなぎのコメント）

（1枚目）深刻化する大気汚染による健康被害〈見出し〉
肺がんや呼吸器疾患による死者数　年間約700万人／世界
（2016年時点）

（スライドを簡潔に説明したあとに）
「700万人といっても想像つかないかもしれませんね。みなさんいかがですか？　これは、愛知県の人口と同じくらいなんです。これほどの人類の命を脅か

している原因とは……」（と言って次のスライドに移る）

〈２枚目〉肺がんや呼吸器疾患による死者数増の原因〈見出し〉

・微小粒子状物質（ＰＭ２・５）などの大気汚染が世界中に拡大

・世界人口の約90％が汚染された大気の下で暮らす

子どものころ、紙芝居を見てドキドキワクワクした記憶はありませんか？　紙芝居のように、次の展開がどうなるのかを期待させる言葉をはさんで次のスライドにつなげることで、受講者を退屈させないようにできるのです。

対面でも、オンラインでも、講師がその場でひらめいたことを話したい時があると思います。もし、オンラインでスライドに書いてある以外の情報を補足する場合は注意が必要です。それは、目に大きく入ってくるスライド資料の情報とまったく違う話をいきなり始められると、聞いているほうは混乱するからです。

そんな時は、「**少し話は脱線しますが**」「**このスライドと直接関係はないのですが**」などとしっかり断ってから話し始め、話し終わったら「**すみません。話を戻します**」「**お時間い**

ただきました。では、次の資料にいきますね」とナビゲートをして、混乱させない配慮をしましょう。

いずれにしても、1スライド1メッセージで次につなげる言葉をはさみながら、参加者を脱落させずに最後まで内容に引き込みましょう。

POINT!

対面では、1スライド1メッセージ、見出し＋箇条書きで見やすくし
オンラインでは、紙芝居のように次のスライドにつなぐ言葉を入れる

Column 5

スライド資料のさらにわかりやすい示し方

ここでは、もう少しスライドのわかりやすい伝え方のポイントを見ていきましょう。

・図表を資料に入れる時

図表を資料に挿入する時には、視線の動きを考えたレイアウトにします。説明をする時には、その視線の動きに沿って説明をすると伝わりやすくなります。

人は資料などを見る時、一番大きく表示した文字が最初に目に入ります。そのためキーメッセージを一番大きい文字にして伝えます。

図表や説明も視覚を考慮した工夫でわかりやすくなります。視線は通常、左から右へ、上から下へと動きます。それに合わせて、チャートや矢印なども左から右、上から下に配置して説明をしましょう。

また、左脳はテキスト、右脳はビジュアルの処理が得意で、左脳は視界の右側、右脳は左側とクロスして情報を処理しているそうです。そこで「図表と説明文」をワンセットで見せ

スライド資料のわかりやすい伝え方①

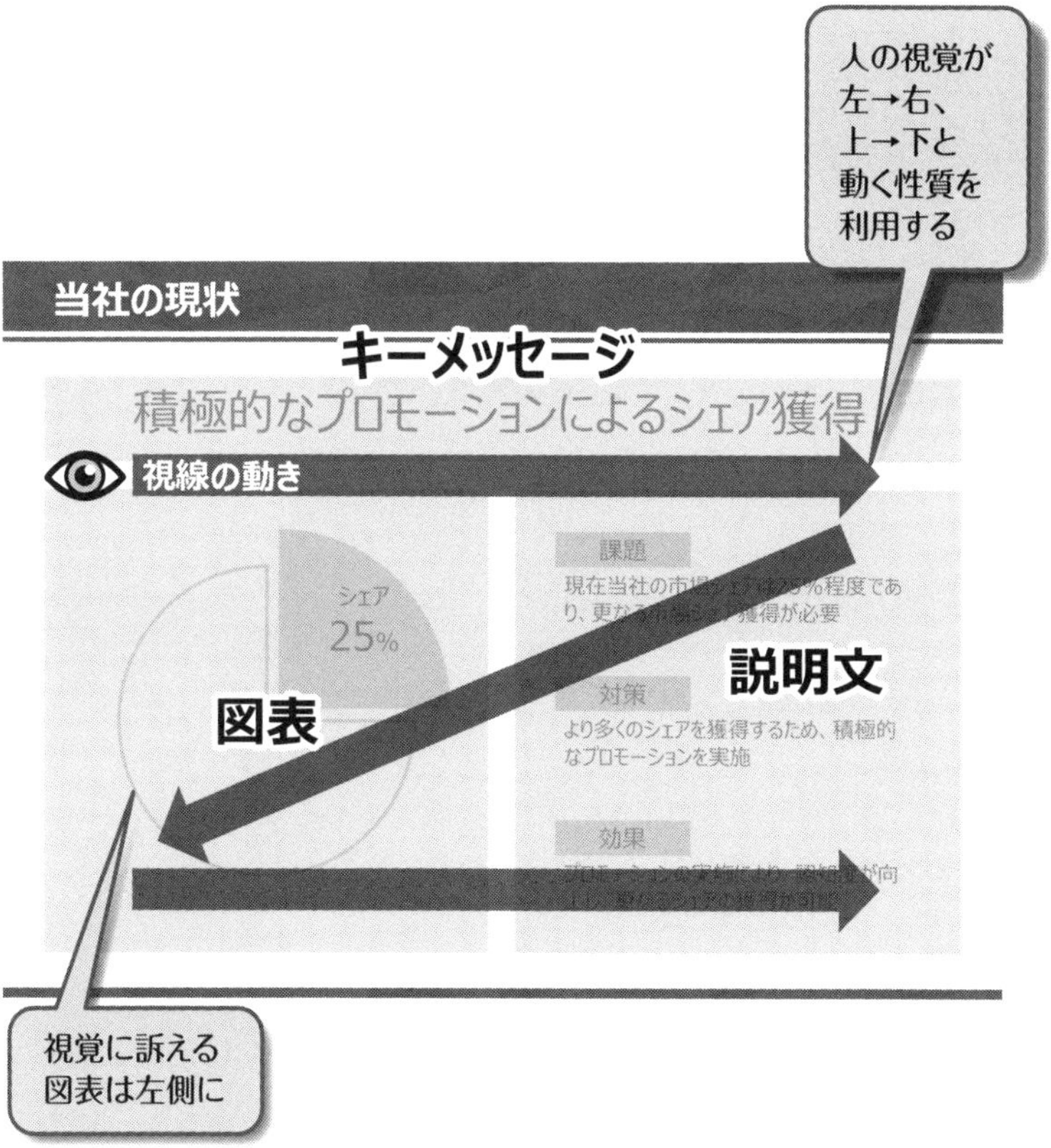

たい場合、図表を左側、文字を右側に配置します。
図表は、余計な目盛りなどを消去してシンプルな表示にします
そして口頭で伝える時には次の順番で伝えます。

①全体（何の図表か）を伝える……「A支店、過去3年の売り上げの推移です」
②フレームの説明をする……「横軸が年、縦軸が金額です」
③注目点を伝える……「注目していただきたいのは、2019年から2020年の伸び率です。前年と比べて1・5倍の売り上げです」
④何を言いたいか伝える……「このように地元密着型の戦略が、自粛状況でのニーズに応えています」

この③の注目点を**吹き出し**などの形で**コメントを挿入しておく**と強調できます。
資料と話す内容がリンクしていれば、資料に書いてある文字を一語一句その通りに読み上げる必要はありません。資料の書き言葉は話し言葉に変換してしゃべります。その際**「ここは大切なところなので読みます」**などと理由を伝えると注意を引くことができます。

スライド資料のわかりやすい伝え方②

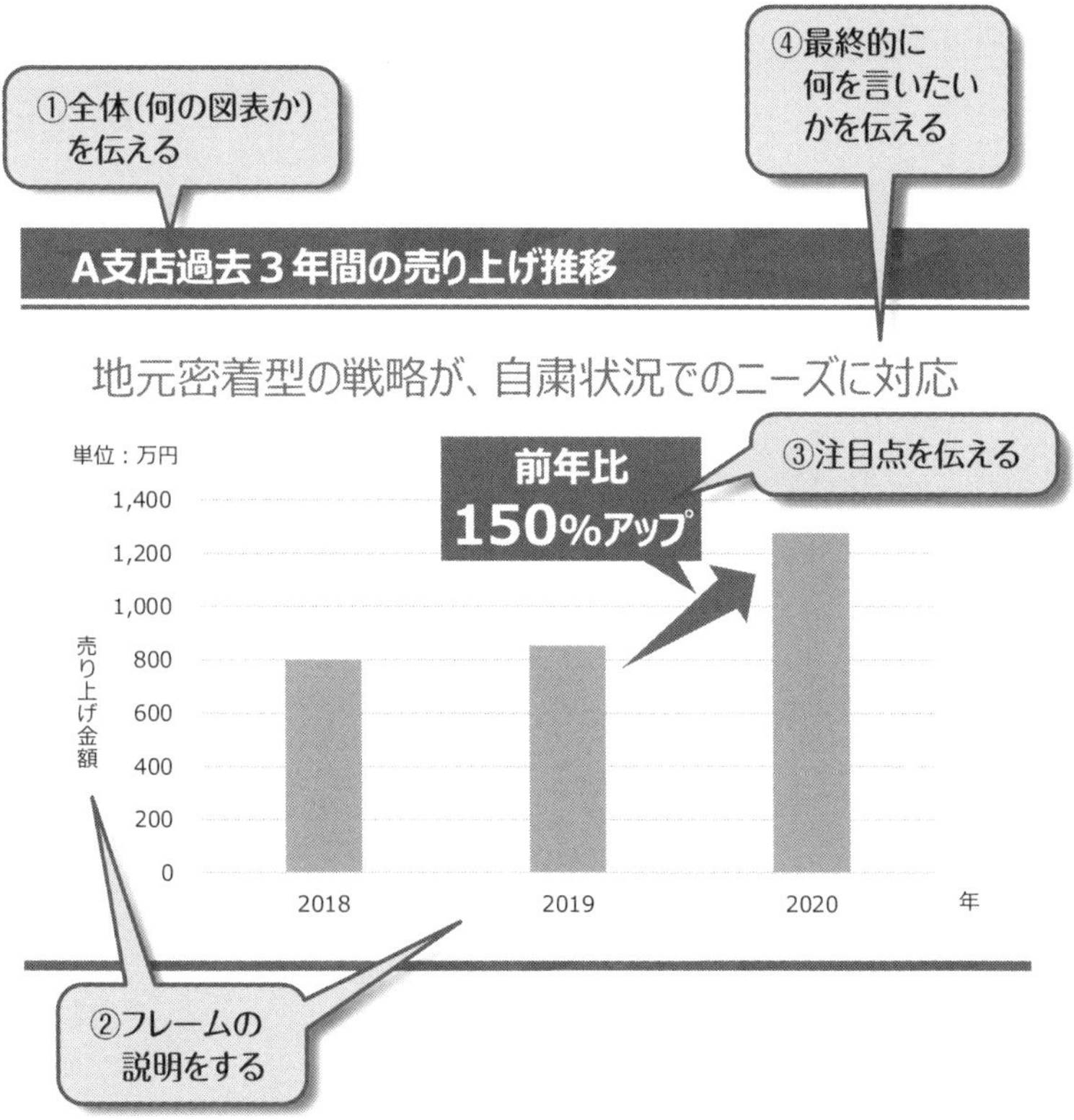

・オンラインの場合の文字の大きさ

オンラインの場合の資料の文字の大きさは、スマートフォンで見る人もいることを考えると、24ポイント以上がおすすめです。

・スライドに書くこと、口頭でしゃべること

スライドに書くこと、口頭でしゃべることの棲《す》み分けも大切です。スライドには数値などの情報を書きます。一方、お客様の感想や共感ストーリーなどエモーショナルなものは文章にせず写真などイメージにしておき、内容は口頭で伝えます。このほうが感情に伝わりやすいのです。

ぜひ、対面でもオンラインでも、わかりやすい資料の伝え方で話の効果を高めてください。

POINT!

人の視覚の特徴を利用して、文字と写真、口頭で伝えることを分ける

第4章

できる人の「聞き上手」な話し方

会話が弾むあいづちとうなずき

本音を引き出す巧みな質問

うまい間の取り方

……

1 会議や面談。相手の本音を引き出す傾聴のコツ

この章では、コミュニケーションが円滑になる「聞き方」の具体的な方法として、「質問」や「あいづち」について取り上げます。

あなたの職場には、仕事で困っても聞きに来ないなど、積極的にコミュニケーションを取らずに、何を考えているのかわからないというメンバーはいませんか?

もし、社内会議や面談などでメンバーの本音になかなか迫れないと感じているとしたら、それはあなたの聞き方のせいかもしれません。

「本音を引き出す」のがうまくない人の聞き方

無表情、無視、無反応の3つの「無」

逆の立場で考えてみましょう。報告や相談をする時、まるで睨《にら》みつけるような表情で、微動だにせず無言で聞く上司は感じが悪いし、話しにくいものです。また、仕事の手を止めずに、視線はPC画面を見たまま聞かれても、まるで自分の話に上の空という印象です。

実は、こういう態度こそが「自分に冷たい」「話しにくい人」という印象づけになっています。こうした「聞き方」をしている上司から一方的に指示ばかり飛んでくると、仕事とはいえ、うんざりします。本音を話そうという気は起きません。

では、つい本音を話したくなる人はどんな人でしょうか？　話を聞くのがうまい人は、表情、視線、反応の３つで、**相手の話に親身になって耳を傾けている＝傾聴《けいちょう》している、と合図を送り続けている**のです。

対面で「本音を引き出す」のがうまい人の聞き方

表情と視線、反応の３つで合図を送る

傾聴は、相手を認めること。人は誰でも自分の話を熱心に聞いてくれる人に好意を持つものです。「あなたの話に関心があります」と伝えるには、**非言語の表情、視線、うなずく、**

という、3つの合図を送ることがポイントです。

これで、質問技術を駆使せずとも、「実のところ……」「ここだけの話ですが……」と相手が自然に本音を語ってくれるはずです。うなずく時には適度なあいづち、例えば部下に対してなら、「そうか」「うん」「わかった」などもセットにしましょう。

ちなみに、目上の方に対して「うん、うん」というあいづちは失礼に当たります。イラッとさせてしまう場合もあるのでご注意ください。

では、この3つのポイントを見ていきましょう。

まず1つめは「視線」。決して無視しているつもりはなくても、仕事をしながら、PC画面を見ながらの「ながら聞き」では、自分の存在を軽視されていると思うものです。

傾聴のポイントは、いったん仕事の手を止めて、**相手に自分のおへそを向ける**のです。顔だけでは不十分。おへそを向けると、体が相手に向いて視線も向くからです。

その時に、視線が鋭いと相手に警戒心を抱かせてしまうので、**相手の鼻のあたりをぼんやり見てください**。これで目元が優しい印象になります。特に長時間対面する時には、お互いの緊張感がほぐれるのでおすすめです。

そして2つめは「笑顔」。傾聴がうまい人は笑顔を絶やしません。笑顔は相手の心の扉を開くカギだと言われています。聴く時には、意識して口角を上げておくと、安心して話しやすい雰囲気をつくることができます。

3つめが、うなずき方です。相手がうなずいてくれると「話を理解してくれている」「ちゃんと聞いてくれている」と、それだけでうれしくなるものです。ただ、小刻みにたくさんうなずくと小バカにした印象になるので、大きく1回ずつ、が効果的です。

日常的にこうした聞き方を習慣化していれば、メンバーもつい本音を語ってくれるはずです。

＊

では、オンラインではどうでしょうか?

画面越しに「しっかり聞いていますよ」と伝えるには、**「うなずきとあいづち」のコンビネーションを上手に使う**のがポイントです。

オンラインで「本音を引き出す」のがうまい人の聞き方

マイクがミュートの時には、うなずき+感嘆詞であいづち
マイクがオンの時には、うなずきとあいづちのタイミングをズラす

オンラインのコミュニケーションでは、表情がわかりにくいことがあります。

オンラインコミュニケーションに関する本やネット記事などで、「（オンラインでは）意識してオーバーリアクションをしましょう」と書かれていますが、正直、オーバーリアクションを続けると疲れますし、そもそも状況にもよります。

そこでおすすめなのが「うなずく」ことで反応を示す方法です。首を縦に振る行為は、画面上でもわかりやすいのです。

マイクをミュートにしていても、「うなずき」ならビジュアルで聞いている合図を送ることができます。

オンラインで話している側は、相手の反応が読めずに不安になるものです。そのため聞き役の時こそ、しっかりうなずいて安心させてください。

さらに「聞いていますよ」と合図を送りたい時におすすめなのが、時々**「なるほど！」「そうか！」「すごい！」という感嘆詞で声に出してあいづちを打つ**こと。マイクはミュートなので音声は聞こえませんが、表情が変化するので、より話に乗っている印象になります。この程度のあいづちなら、それほど疲れません。

次に、マイクをオンにして参加をする時です。オンラインでの円滑なコミュニケーションの妨げになるのが「声がかぶる」ことの気まずさです。そこで、うなずきとあいづちのタイミングをズラすのがコツ。これで声がかぶる気まずさもなく、「傾聴」の合図を送ることができます。

タイミングとしては、相手が話している最中は無言でうなずき、フレーズの切れ目にあいづちを入れます。

例えば、

相手「時間がかかりそうですが（うなずく）、**諦めずにやってみるので**（うなずく）、**ぜひお力をお貸しください」**

自分「もちろん、喜んで！」（あいづち）

こんなふうに聞いてあげると、相手も話しやすくなります。

実は、この「うなずきとあいづちの時間差活用」は、テレビでもよく使うテクニックです。

テレビでは出演者同士の言葉がかぶらないように、一人ずつ順番に発言をするのが基本ルールです。そのため、誰かが話し始めたら、あいづちの発話さえも控えています。とはいえ、アナウンサーが無反応だとゲストも話しにくいので、表情、視線、うなずきをセットにして傾聴の合図を送り続けています。そして、相手が言い終わるのを待って、「なるほど！」「興味深いですね！」とあいづちを打っているのです。

オンライン会議、商談でも、このタイミングが効果的です。ぜひ聞き上手になって本音を引き出してください。

POINT!

対面では、「表情」「視線」「反応」の3セットで傾聴の合図を送り
オンラインでは、
マイクミュート時はあいづちに感嘆詞を使い
マイクオンの時は
フレーズ終わりであいづちを打つ

2 自由闊達《かったつ》な意見が飛び交う、会議での上手な質問の仕方

ある企業で若手社員向けにプレゼンテーション研修を行った際、取引先など外部での会議より、社内会議で提案をするほうが緊張するという声が多く上がりました。自分の提案に対して鋭い質問が飛んでくるのが毎回恐怖だと言うのです。

あなたも会議中、集中放火を浴びてしまった、という苦い経験はありませんか？

例えば、ある提案をしたところ、こんな質問が返ってきたとしましょう。

「自由な意見」を引き出せない人の話し方

「ちょっといい？　その見積もりの根拠は!?」

決して悪気はないにしても、これだとまるで責められているようです。「責め口調」だと

発言者もまわりも委縮してしまい、自由闊達な意見は出にくくなります。委縮しないまでも、提案に反対なのか、賛成なのか、どこに疑問を持っているのか、質問の本意がわからないので、どう答えたらいいか戸惑ってしまいます。

では、こういう状況で上手に質問をする人は、どうしているのでしょうか？

答えやすい質問をするには、その意図を伝えることです。

対面で「自由な意見」を引き出せる人の話し方

「今の後藤さんの発言について、質問よろしいですか？　大変興味あるプランです。具体的に検討するため、ぜひ見積もり金額の根拠を教えていただけますか？」

こんなふうに、なぜ質問をするのか、その理由を伝えれば心情的に答えやすくなります。それだけでなく、的も絞りやすいので、必要な情報をまとめて答え、効率的な会議になるはずです。

会議や商談では、結論が出せるところまで議論を進めるには質問は欠かせません。おそらく質問をする時は、もっと情報が欲しい時のほかにも、会議が沈滞ムードになった時や、自分が望む方向と違う方向に話が進みそうな場合、あるいは自分のアイディアを持っている時などではないでしょうか？

交渉場面では戦略として質問意図を明かさないこともありますが、一般的に信頼関係の上に成立する対話では、**「心理的な安全性」**が円滑なコミュニケーションには欠かせません。

上位者ほど質問をする時には、場の雰囲気が悪くならないよう謙虚な姿勢でいたいものです。

＊

では、オンラインではどうでしょうか？

オンラインでは対面以上に趣旨の取り違えが起きないように、質問の意図を忘れずに伝えるように心がけたいところです。

さらにオンラインでは、発言のタイミングが取りにくいのが難点。そこで、ファシリテーターを立てて会議での「質問」がスムーズにいくようにします。

オンライン会議が円滑になる「質問」の仕方について2つのポイントをご紹介しましょ

う。

それは、**「質問のルール決め」と「代表質問」**です。

オンラインだと、ファシリテーターが「どなたか質問のある方はいますか?」と全体に振っても、空気読みムードが蔓延して変な間ができてしまいます。そこで、質問タイムを設けておいて、順番に質問がある人に振っていくのです。

オンラインで「自由な意見」を引き出せる人の話し方

・質問ルールを決める

「本日は、支社ごとに質問タイムを用意していますので、提案発表の最中は質問をお控えください。質問事項をチャットに記入いただければ質問タイムで優先的にご指名します」

このように、オンライン会議では冒頭に質問のルール決めをしておくとスムーズです。

もう1つが「ファシリテーターによる代表質問」です。
もし発言内容の情報が不足しているな、と思った時には、参加者から質問を受ける前に、ファシリテーターが不足を補う質問を行い、議論全体の流れを助けるのです。

・ファシリテーターの質問例
「○○さん、もう少し全体で情報を共有したいので、いくつか質問をさせてください。聞きたいことは3点あります……」

こんなふうに参加者の聞きたいことを代表して聞いてあげるのです。もし、どんな質問をすればいいかわからない、という場合には、5W1Hで不足している情報を補う質問をしてみてください。例えば、

「それは、なぜ始めようと考えたのですか?」（Why）
「開始時に必要な備品はなんですか?」（What）
「具体的にどのくらいの人数を想定していますか?」（How）

ただ、「Ｗｈｙ」を立て続けに質問すると問い詰めている感じになるので、そこは気をつけたいところです。
オンライン会議は、ファシリテーターの仕切りしだいで、確実に会議の質が変わります。質問には理由を伝える、オンラインではルール決めと代表質問で進行を助けるなど、質問の仕方で参加者の積極的な発言を促して、会議の成果を高めていきましょう。

POINT!

対面では、質問の意図を謙虚に伝え
オンラインでは、ファシリテーターが
質問のルールをあらかじめ設けておく

3 商談でお客様の「隠れた本音」を引き出す自己開示テク

あなたが、お客様として営業担当者から接客を受けたとしましょう。はじめて聞く社名です。担当者は人当たりもよく、真面目そうなのにもかかわらず、どこまでこの人や会社を信頼していいのかな……などと警戒心を抱いてしまうことはありませんか？

そう思わせる原因は、営業担当者の質問にあるかもしれません。

「警戒心」を抱かせる人の話し方

「もっとお話を聞かせていただけませんか？」
「何が課題ですか？」

初対面の相手に「お話を聞かせてください」とお願いしても、心理的な壁があるままだと、「この人に話していいのか」と思ってしまうもの。当然、本音は教えてくれません。

最近は、お客様のニーズも価値観も多様化しているので、課題を聞き出して最適な解決法を提案していくソリューション営業が増えています。つまり、お客様の抱えている課題を引き出すのが営業トークのスタート。しかし、うまくいかない人は、ここでつまずいてしまいます。


では、お客様の課題や本音を引き出すのがうまい人はどうしているのでしょうか？

うまい人が使う心理的な距離を縮める質問の仕方が、**「自己開示質問」**です。

対面で「警戒心」を抱かせない人の話し方

「私（弊社）は○○だったのですが、△△さん（御社）はいかがですか？」

「お恥ずかしながら、弊社では、このツールを全社に導入した当初は、使いこなせない、という問題がいろいろな部署で起きてしまいました。御社では、どうなりそうですか？」

「弊社も数年前までは離職率が高くて本当に悩みの種でした」「私もＩＴは詳しくないので、偉そうなことは言えないのですが……」とさりげなく弱みを見せながら、**「あなた（御社）はいかがですか？」**と聞いていくのです。すると、少しずつ相手も「そうですねえ」と心を開いて悩み事を話してくれるようになります。

コミュニケーションには、「返報性《へんぽうせい》の法則」というものがあります。相手の悩みを聞かせてほしい時には、先に自分の弱みを開示することで、相手も開示しやすくなるのです。

＊

オンラインの場合には、特に淡々と話す方は機械的な印象を与えやすいので、**「自己開示＋質問」の回数を増やして、**感情的な部分を意識的に伝えましょう。

それでも曖昧な答えしか返ってこないこともありますが、自己開示でダメな部分を見せて親近感を与えられたら、もうひと押しです。「この人に相談したい」と信頼してもらうため、次に伝えるべきは「実績」です。

この「実績」にも上手な伝え方があります。それが**数字で示すロジカルな部分と、エモーショナルに訴える人間らしい部分の両方で伝える手法**です。この両方があると、お客様の気持ちが動くのです。

数字では、これまで○万件のサポートをしました、業界売り上げナンバーワン、など事実を伝えます。そして、エモーショナルな部分に自己開示質問を入れていくのです。

例えば、

オンラインで「警戒心」を抱かせない人の話し方

「あまり知られていないのですが、こちらは実は業界売り上げシェア3位のサービスでして、当営業所でも1000件以上の導入実績があります。

かつて、はじめて担当したお客様に『何もわかっていない！』と叱責をいただきまして、それからは、どんなに遠くても必ず現場に足を運ぶというのを私のポリシーにしています。

○○さんの現場はどんな状況なのか、少しお聞かせくださいませんか？」

というように、さりげなく実績に自己開示を入れ込んで質問をしていくのです。

質問には、さまざまなテクニックがあり、巧みな人とそうでもない人と個人差があります。しかし、あまり小手先のテクニックに傾倒してしまうと、胡散《うさん》臭いと警戒されてしまうことにもつながります。

一方、どちらかと言えば、話しべたで朴訥《ぼくとつ》なタイプでも、トップセールスを誇る方はたくさんいらっしゃいます。質問テクニックを磨くのも大切ですが、人間味ある対応もお忘れなく。

POINT!

対面では、自己開示質問を使い
オンラインでは、
実績に自己開示を入れ込む

4 仕事相手との会話が一気に盛り上がる「ピンポイントであいづち」

あいづちは、話の潤滑油と言われています。

うまいあいづちが打てると、初対面の人とでも会話が弾みます。しかし、むやみにあいづちを打てばいいというものではありません。

「ああ」「ええ」「へえ」「ふうん」という生返事や、「すごいですね」「さすがですね」のワンパターンなあいづちを打っていませんか？


「会話を盛り上る」のがうまくない人の話し方

取引先「最近、かなり真剣にゴルフをやっているんだけど」
自分「私、ゴルフやらないので、よくわからないのですが……すごいですね」

「ああ」「ええ」という生返事では、「あなたの話に興味がありません」と言っているようなものです。「ちゃんと聞いているのか？」と相手の気分を害します。

さすがに、目上の相手やお客様に「ふうん」というあいづちは打たないと思いますが「すごいですね」「さすがですね」は便利なあいづちワードで使い勝手もいいので、ついついあまり考えずに使ってしまいがちです。しかし、おざなりなあいづちは、おざなりな人間関係しか生みません。

コミュニケーションの本や講座では、「さすがですね」「知りませんでした」「すごいですね」「センスいいですね」「そうなんですね」の頭文字を取って「さしすせそ」であいづちを打つと、会話が弾むと言われています。

たしかに、気が置けない友人や気心の知れた仕事仲間ならこれで十分盛り上がります。しかし、初対面で警戒心を持っている方や目上の方だと、「さしすせそ」だけでは、わざとらしくて思い通りに話が盛り上がらないことがあります。

では、どんな相手とも良好な関係をつくるためにはどうしたらいいでしょうか？

それには、**相手のセリフに対してピンポイントであいづちを打つこと**です。

取引先「最近、かなり真剣にゴルフをやっているんだけど……」
自分「真剣に、ですか。それはすごいですね」
あるいは、
自分「ゴルフですか。それはいいご趣味ですね」

このように、**具体的に相手の話のどこに反応しているかを伝えてから、あいづちを打つ**のです。狙いは、「あなたの話を受け流さずに、しっかり聞いています」と伝えること。「丁寧に聞いてくれている」とわかってもらえます。
では、こんな時には、どうしますか？

お客様「スタッフが辞めて、てんてこ舞いで……今、新規受注を断っているんだ」
×自分「それは、おつらいですね」

この例の場合、相手が言いたいのは何でしょうか？　スタッフが辞めたという窮状を訴えたいのでしょうか？

どうもそれだけではなさそうです。もしかしたら仕事を断らなきゃいけないくらい繁盛しているということを控えめに伝えたいのかもしれません。

例えば、次のように返してみるのも手です。

○「せっかくの仕事を断るのは残念でなりませんね。お察しします」

○「大変でしょうが、むしろ仕事が忙しいのはうれしい悩みじゃないですか？」

あいづちは、ひと言で相手の気持ちに寄り添うことができるマジックワードです。相手の気持ちを100％察するのは難しいですが、なぜそんなことを言ったの？　その言葉の裏に隠された気持ちは？　と想像しながら話を聞いていると、適切なあいづちが打てるようになります。

対面なら驚きの表情を添えるなど、非言語を使ってさらに表現豊かなあいづちも打てるでしょう。

＊

一方、オンライン会話は言葉中心のコミュニケーションなので、表情によるニュアンスが伝わりにくいところがあります。

そこで、もっと話を膨らませたい、という時におすすめなのが、「**質問を使って話を膨らませる方法**」です。

相手が話したい内容について、5つの質問を順番にしていくのです。

オンラインで「会話を盛り上げる」のがうまい人の話し方

1. 動機＝なぜ始めたのか……始めたきっかけや動機を聞きます
2. 成果のプロセス……どんなところが面白いのか、成果のプロセスを聞きます
3. 打ち込み具合……どのくらい真剣に打ち込んでいるのかを聞きます
4. やってよかったこと……成果や効果を聞きます
5. 学んだことはあるか……得たもの、学んだことを聞きます

この5つの質問の活用例を紹介しましょう。

お客様「最近、かなり真剣にゴルフをやっているんだけど……」

1.「そうなんですね。なぜ、本気で始めたんですか？」

お客様「いやあ、取引先の社長に誘われてね」

2.「相当はまっていますね。どんなところが面白いんですか？」

お客様「プロに習うと、面白いくらいスコアが伸びるんだよね」

3.「ちなみに、どのくらい練習してるんですか？」

お客様「週1回、レッスンプロに習ってるよ」

4.「真面目に練習してよかったこと、ありますか？」

お客様「今までは付き合いで仕方なく行っていた接待ゴルフが楽しくなると、不思議と人脈も広がるんだよね」

5.「ゴルフ、本気で始めて、学んだこともありそうですね」

お客様「人間、いくつからでも学びは遅くないもんだよ。新しい趣味もできて人生の楽しみが増えたよ」

こんなふうに、インタビュアーになったつもりで、順番に5つの質問をしていくだけで、あとは相手が勝手に話してくれます。

新人アナウンサーの頃、取材先でいい言葉を引き出せずに、番組でカットされることが何度かありました。これは私もショックですし、取材相手にも申し訳ない気持ちでいっぱいになりました。

そこで学んだのは、「すごいですね」と表面的なあいづちを打つより、「**わからないので教えてください**」と素直に教えを請うスタンスで5つの質問をしていくこと。そのほうが話が弾み、濃いインタビューが取れることに気づいたのです。

この質問は、お客様はもちろん、職場の世代間ギャップを埋めるコミュニケーションにも効果的です。

部下は、自分の価値観を押し付ける上司より、自分たちのことに興味を持って話を聞いてくれる上司とコミュニケーションが取りやすいと感じています。

プライベートのことはあまり話したくない、という若手も増えていますが、その人が話したいこと、趣味などをテーマに取り上げれば、饒舌《じょうぜつ》に語り始めたりするものです。
ぜひ、テレワークで関係性が希薄になっていると感じていたら、1on1《ワンオンワン》の対話や雑談に取り入れてみてはいかがでしょうか？

POINT!

対面では、ピンポイントであいづちを打ち
オンラインでは、さらに膨らませるために
5つの質問をする

5 お客様がしてきたネガティブな話題への上手な返し方

お客様と打ち解けてくると、仕事と直接関係がない話題になることもあります。気持ちを開いてくれた証拠なので喜ぶべきことです。

ただ、「新規受注が増加した」「従業員が成長した」などポジティブな話題なら「それはよかったですね！」とあいづちも打ちやすいのですが、「実は、息子が第一志望校に落ちた」なんていうプライベートでのネガティブな話題だと、リアクションに困ります。どうしたらいいでしょうか？

うまく返せない人の話し方

相手「実は、息子が第一志望校に落ちてね……」
自分「それは最悪ですね」

ネガティブな話題の取り扱いは要注意です。どういうつもりでその話題を出しているかがわからないうちに、こんなふうに自分勝手に「最悪」と決めつけるのは禁物。人は自分で「最悪だよ……」と愚痴をこぼしたとしても、他人から言われると「君に言われる筋合いはない」と反発したくなることがあるからです。

強がりを言っていても、内心は慰《なぐさ》めてほしかったという期待を裏切ることにもなりかねません。言葉と気持ちは裏腹。話の額面通りに受け取ってはうまくいかない時もあるのです。

では、こんな時、うまく対応するにはどうしたらいいのでしょうか？

それには、**いったん「寄り添う言葉」をかけて様子を見る**のです。

対面でうまく返せる人の話し方

「そうでしたか。ご子息はどんな思いかと……」

ネガティブな話題を振られて困った時には、何か感想を言わなきゃ、アドバイスをしなきゃ、と慌てないこと。良い悪いを直接、自分の物差しで判断せず、いったん気持ちに寄り添う言葉を伝えて、相手の表情や態度、声のトーンを観察するのです。

そして、相手が明るいトーンで「いや〜、まいったよ」と軽い様子なら、笑えるエピソードのつもりだな、と想像して「**それは大変でしたね〜**」と労《ねぎら》いの言葉をかければいいのです。

続けて、

「**でも、○○さんのお子さんなら、必ずこれを糧《かて》に立派に成長されますよ**」

という励ましの言葉を添えていくのもいいでしょう。

一方、もし「かなり落ち込んじゃって……」と暗いトーンで落胆している様子だったら、

「**傍《はた》で見ている親もつらいところですね**」

と共感の言葉をかければ、大きく外すことはありません。

＊

では、オンラインではどうでしょうか？

オンラインの場合には、相手の気持ちを酌み取るヒントが少ない中でリアクションを取らなければいけないので、難易度は高くなります。

そこで難しい時には、相手の気持ちではなく、**自分を相手の立場に置き換えて、「自分だったら○○です」とリアクションを取る**のです。

オンラインでうまく返せる人の話し方

「それはさぞ残念だったでしょう。私だったらしばらく落ち込んで部屋から出られないかもしれません」
「私が親なら、どう励ましていいか、途方に暮れるところです」

こんなふうに、自分事に置き換えて伝えるのです。これでワンクッションはさんで、相手の様子をいったん確認してから、会話を続けていけばいいのです。

人の心は十人十色。どんなに頑張っても100％相手の気持ちを理解することはできません。しかし何より大切なのは、相手の気持ちを想像してみること。特にオンラインやメール、電話、SNSなど直接顔を合わせていない相手だと、ちょっとしたニュアンスが伝わりにくいので、「想像力」を豊かにすることが良好なコミュニケーションを生む基本になります。

作家の瀬戸内寂聴さんが、あるコラムの中で「想像力とは思いやる心です。相手の気持ちを思いやると、そこに温かな人間関係が生まれます」と語っていらっしゃいました。

オンライン化が進むにつれて、こうした人間的な部分が今まで以上に求められると感じています。常に心に留め置きたいですね。

POINT!

対面では、寄り添う言葉で反応を見て
オンラインでは、「私だったら○○」と
自分に置き換えて想像する

第5章

できる人の「場をコントロールする」話し方

セミナー・説明会での誘導トーク
若手が伸びる指示の出し方
緊張しないスピーチ
……

1 メンバーのモチベーションアップは「動機づけのあいうえお」

この章では、場の雰囲気を上手につくっていく話し方について見ていきます。
部下がいつも指示待ちで、自分から動かないという悩みはありませんか？　こうした「人」の悩みは、マネジメント層なら誰もが多かれ少なかれお持ちだと思います。
例えば、あなたが部下に会議の資料の準備を頼んだとしましょう。

「部下のやる気」を引き出せない人の話し方

部下「会議資料を準備しておきました」
リーダー「あっ、そこに置いといて」

部下の立場で考えてみましょう。

いくら仕事とはいえ、きっと自分の仕事を中断して資料の準備をしたでしょう。それなのに資料に目を通しもせずに、ひと言「置いといて」だけでは、内心「せっかく準備したのに、やりがいを感じられない」と思ってしまうかもしれません。

人は誰でも、自分という存在を認めてほしいという「承認欲求」を持っています。他人から認められたい、価値ある存在として扱ってほしいと思っているのです。

こうした切ない欲求を満たす日頃の言葉がけこそ、主体的に働こうという意欲の源です。

かつての日本型企業は個より組織を重視し、組織のためなら個を犠牲にするという考え方が主流でした。しかし、時代は変わり、新しい価値を創造していくには、多様な個性を生かすベンチャー的な発想の企業でないと生き残れず、今や実力ある個人が活躍する時代となっています。こうした個を生かすリーダーはどうしているのでしょうか？

それには、何よりもまず「ありがとう」という感謝の言葉を常に伝えているのです。

対面で「部下のやる気」を引き出せる人の話し方

部下「会議資料を準備しておきました」

リーダー「いつもありがとう。助かるよ」

「ありがとう」という感謝の言葉は、承認欲求や貢献欲求を満たす言葉です。組織への貢献意欲が高まり、職場で働きたいという強い動機づけになります。

最近では「感謝の言葉」を社内で送り合い、点数化してエンゲージメント（つながり、愛着）を高めるアプリサービスもあります。

テレワークが進み、社員が出社しない中で会社へのエンゲージメントを高める取り組みとしても注目されています。

少し残念な話題ですが、コロナ禍で急速にテレワーク化を進める中で、メンバーの管理の仕方をめぐり、「リモートハラスメント」なる言葉が生まれました。

テレワークで仕事ぶりを目視できないことに不安を持つ管理職が、リモート会議用のWebカメラを1日中オンにしておくようにとか、1時間ごとに進捗《しんちょく》確認の電話をかけてきて、落ち着いて仕事ができないという問題が起こっているのです。

普段から主体的に動くメンバー育成をして仕事を任せていれば、リモハラなど起きないはずです。

＊

さて、オンラインの場合はどうでしょうか？

もちろん「ありがとう」と伝えるだけでもいいのですが、離れているぶん、より強く感謝を伝えてみませんか？

そこで、おすすめなのが、**「ありがとう＋α」で感想を添える伝え方**です。

オンラインで「部下のやる気」を引き出せる人の話し方

（メールのやりとり）
部下「会議資料を準備しておきました」
リーダー「確認しました。見やすいね！　忙しいのにありがとう」

テレワークだと希薄になりがちな関係性を、ぜひ、こうした言葉で上手につないでおきましょう。

とはいえ、何を言えばいいか思い浮かばない、という人もいるかもしれません。しかし、気持ちは言葉にしないと伝わりません。

そこで、ぜひ意識して使ってほしいのが、部下への動機づけ「あいうえお」です。

☆リーダーの言葉がけ「あいうえお」

あ：「**ありがとう**」……「**いつも見やすい資料をつくってくれて、ありがとう**」

い：「**いいね**」……「**アイディア、だいぶ具体化してきて、いいね**」

う：「**うれしいよ**」……「**結果が出て、うれしいよ**」

え：「**遠慮しないで**」……「**遠慮しないで、何でも聞いて**」

お：「**応援しているよ**」……「**失敗を恐れないで。応援しているよ**」

メールやオンライン会議などで、機会あるごとにこの5つの言葉を届けてやる気を育て、個々の力を存分に発揮させましょう。

POINT!

対面では、言葉で「ありがとう」を伝え
オンラインでは、「ありがとう＋感想」を
動機づけの「あいうえお」で伝える

2 若手が伸びる会議は「話の設計」ができている

社員が委縮している会議の雰囲気は重く沈滞ムードが漂っています。一方で、威勢だけよくて中身がない会議も考えものです。

例えば、月例会議で若手営業社員が発言するシーンを想定してみましょう。

会議で「若手」が伸びない話し方

「未達、申し訳ありません。次月、巻き返します。気合を入れ直して頑張ります！」

伸び悩んでいる社員ほど、過去を振り返って反省の弁に時間を割き、過去分析と「頑張ります」という根性論で終わりがちです。営業成績が伸びないのは、根性がないわけではなく、目標達成するための具体的な計画と行動にまで落とし込めていないからです。

このように、社員の発言が過去分析と根性論になってしまいがちなのは、個々人の問題より、そういう習慣をつくってしまった会議の進め方にあるのかもしれません。

では、社員の成長につなげている会社では、会議をどう進めているのでしょうか？

そういった会社では、過去より、**今後どうしていくかという未来志向の話し合いに時間をかけている**のです。

対面の会議で「若手」が伸びる話し方

> 「未達、申し訳ありません。新規に手を広げすぎ、一人ひとりのお客様フォローが行き届きませんでした。顧客リストを絞り込み、来月は商談数を1週間で5件獲得を目指します」

このように「頑張ります！」で終わらせず、具体的に何をやるか行動を示すのがポイントです。人は具体的な計画を立てれば、すぐに行動ができ、成果も出しやすいのです。

もちろん、うまくいかない原因を分析して改善することは大事ですが、これは会議の時間外でもできること。会議では分析結果だけを伝えれば十分で、みんなが集まる会議は今後の戦略を練るなど未来志向のアウトプットの場として有意義に活用したいところです。

＊

一方、オンライン会議はスピード感が大切なので、情報は事前共有がおすすめです。過去分析、行動計画は事前にメールやチャットなどで共有しておき、**ミーティングでは計画実行支援に時間をかけましょう**。

オフィスなら、「ちょっといいですか？」と気軽にアドバイスをもらうこともできますが、テレワークではそういう機会も少なくなりました。伸び悩んでいる社員にとって、先輩からの具体的なアドバイスほどうれしいものはありません。

例えば、「お客様からのメールの返信率が悪い」という後輩の課題に、

オンライン会議で「若手」が伸びる話し方

「メールの件名を○○に変えたら開封率が上がったよ」

など成功事例をどんどんシェアしていく場として使っていきましょう。

もう1つ、オンライン会議、ミーティングを効率よく進めるには**時間配分**も重要です。例えば10人チームであれば一人5分の持ち時間で、①「達成できた理由・できなかった理由」、②「具体的な行動計画」、③「相談・質問、支援をしてほしいこと」を1分程度で伝え、残りを先輩からのアドバイスをもらう時間に充てます。10人程度のメンバーのチームであれば50分程度の会議で済みます。

テレワークでは、OJT（オン・ザ・ジョブ・トレーニング）など、現場で学ぶ機会が少なく、人材育成も試行錯誤の状況です。ぜひ会議を若手育成の場としても活用して、チーム全体の底上げを図っていきましょう。

POINT!

対面では、未来思考に時間を使い
オンラインでは、
計画実行支援に時間を使う

3 セミナー、会議で相手が話しやすくなる質問の仕掛け

社内会議やクライアントとの打ち合わせ、セミナーなどで進行役を任されたら、充実した場にするために進行表をつくるなど、事前準備をして臨むと思います。

ところが、当日なるべく全員に積極的に参加してもらおうと、まだ発言していない人に質問をしたところ、答えに詰まってしまい、かえって場が盛り上がらなくなってしまったという経験はありませんか？

相手が返しにくい「質問」の仕方

・突然、質問を振る

あなた「では、この問題について、柴田さん、どうですか？」

柴田さん「えっ、スミマセン、えっと、質問は何でしたっけ……」

話を一方的に聞いているだけの参加者は、往々にして油断をしています。油断している時に名指しで質問を振られても、急には答えられないものです。決して意地悪をしているつもりはなくても、なかにはみんなの前で恥をかかされたと思う人もいるかもしれません。

では、質問をきっかけに、うまく話を引き出して場をコントロールするにはどうしたらいいでしょう。場をコントロールするのがうまい人は、**「先に指名し、そのあとに質問内容を詳しく伝える」**という手順を踏んでいます。この狙いは、みんなの前で恥をかかせないように、答えをまとめる時間を与えることです。

対面で相手が返しやすい「質問」の仕方

「柴田さん…（間）…今、議論になっているのが、どのメディアを使うかということですが、ＰＲ担当者としての意見をぜひ聞かせてもらえますか？」

こんなふうに、質問する時にはまず指名をして、「あなたに質問を振りますよ」と伝えて、少し間を取って相手が聴く態勢になるのを待ちます。それから、質問内容を詳しく伝えると、思考をまとめる時間をつくることができるのです。これなら、必要な発言を引き出せますし、突然の質問にうまく答えられなくて恥ずかしい思いをさせません。

質問を使って場づくりをする時に大切にしたいことは、安心、安全な場をつくること。自由闊達な意見交換の場を提供するには、質問の振り方にも「配慮が必要」なのです。

＊

では、オンラインの場合はどうでしょうか？　オンラインではもう1つポイントがあります。それは、**指名する前に質問の許可を取る**ことです。

オンラインで相手が返しやすい「質問」の仕方

あなた「では、ここからは、このテーマについてみなさんの意見を聞いていきます。

まずは、柴田さんに聞いてもいいですか？」

柴田さん「はい、どうぞ」

対面なら進行役や講師と目が合えば、「話を振られるかも」と意思の疎通が図れますが、オンラインだとそれができません。そこで、まず相手に質問をしていいかどうか許可を取り、それから質問をするのです。

テレビの生放送の情報番組でも、この質問の振り方を使っています。司会者がコメンテーターに突然、「○○さん、どうですか？」と聞いてもとっさには答えられないので、話を振る時には、「○○さん、いや、大変なことになっていますね」と、まず振りを入れた上で、「**このデータを見る限り、しばらく回復は難しそうですが、業界再編もありえるのでしょうか？**」などと質問を伝え、その間に答えをまとめてもらっています。

テレワークの導入に合わせて人材教育、会議、営業などのオンラインシステムが進化していますが、ハード面だけでなく、ぜひ、こうした質問の仕方も工夫しながら、仕事の場でのオンラインコミュニケーションも進化させていきたいですね。

POINT!

対面では、指名をしてから質問内容を伝え
オンラインでは、質問の許可を取る

4 セミナーや研修でのグループワークが充実する「ひと工夫」

最近はグループディスカッション、ワークショップなど、参加型のセミナーや研修が人気です。しかし、ただグループディスカッションを行っても、充実した対話が生まれない、盛り上がらない、学びにつながらない、という声も聞きます。どうしたらいいでしょうか？

うまくいかない「指示」の出し方

「では、これからテレワークの推進についてチームの取り組みを上げてください。時間は5分です。どうぞ」

ワークが盛り上がらないのは参加者のやる気がないからではありません。原因は、参加者のやる気ではなく、講師のファシリテーションスキルが問題なのです。

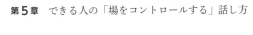

もしグループの中に上手な仕切り役がいれば円滑に進むでしょうが、リーダーシップを発揮する人がいない時や初対面同士だと、遠慮して対話が進みません。あるいは逆に、一人に発言が偏ってしまうこともあります。

では、グループディスカッションが充実するにはどうしたらいいでしょうか？

それには**「ルール決め」**が重要です。

対面でうまくいく「指示」の出し方

「では、これからテレワークの推進について、それぞれの組織での取り組みを上げてください。

まずはグループで役割を決めましょう、進行役、タイムキーパー、書記、全体発表者。

次に、順番です。順番は、向かって右前にお座りの方から時計まわりでお願いします。発言時間は一人１分です。必ずみなさんが発言してください。

質問はありませんか？　大丈夫ですね。では、どうぞ」

このようにグループワークのルールを決めておけば、参加者が余計な気を使わずにディスカッションに集中できます。最低限共有すべきことは、ワークの目的、方法、ルールです。時間はグループワーク全体の時間と一人の発言時間を決めます。役割は進行役、タイムキーパー、書記、全体発表者などです。グループ内での発表順も決めておくとスムーズです。

リアルセミナーの良いところは、講師がすべてのグループの様子を把握できることです。会場をまわりながら、このグループは意見が少ないな、と気づけば、講師が「どんな意見が出ていますか？」と途中で声をかけたり、「今の発言を受けて、どうですか？」などと発言を促したりして支援することができます。

＊

問題はオンラインです。

オンラインでこうしたグループワークはＺｏｏｍやＴｅａｍｓのブレイクアウトルームを使用することが多いと思います。機能がどんどん進化しているので、あくまで現時点の話ですが、今のところ一度にすべてのグループの会話を聞くことはできません。そのためリアルセミナーのように全体の様子を把握することができないのが不便なところです。

そこで、オンラインでブレイクアウトルームなどを使ったグループワークを行う時には、**対面とは違うオンラインならではのルールが必要**です。

例えば、グループでの発言順は、席順や時計まわりのような場所での指示ができません。

そこで「生まれ月が早い順番で」「学校の出席番号順のように名前順で」というルールにします。

また、はじめての方同士の場合には、簡単な自己紹介の時に何と呼んでほしいか、呼び名を言ってもらうとコミュニケーションが活発になります。

そして、講師が直接関われないぶん、**参加姿勢についてもきめ細かなルールがあると安心**です。例えば、

オンラインでうまくいく「指示」の出し方

「セミナー効果を高めるため、グループ内でのネガティブな発言はお控えください。もし、ご質問があればチャットに記入していただければ事務局が対応します」

など、みんなが気持ちよく参加できるように細やかな気を配りたいところです。

全体でワーク内容を共有するには、全体セッションに戻ってから、書記役の人に箇条書きでおもな意見をチャットに記入してもらい、講師が気になった意見を選び、発表してもらうという段取りで進めるのもおすすめです。

オンラインは、講師のファシリテーション力が対面以上に試されます。もし講師一人だと何か問題が起こった時に対応に追われ、ほかの受講者を待たせてしまうので、心配な時にはアシスタントや事務局の方と複数でチームを組んで行いましょう。

POINT!

対面では、ルールを決めて、全体を見ながらワークを支援し
オンラインでは、
特に参加姿勢について共有をしておく

5

セミナー、説明会。場づくりがうまい人が意識していること

人の価値観はさまざまです。常識もそれぞれ違うので、オープンセミナーや外部向けの説明会など、不特定多数が集まる場面では、はじめから100%同意、共感をしてもらえるとは限りません。

例えば、職場のコミュニケーションに関するオープンセミナーの場面だとしましょう。

「場づくり」がうまくない人の話し方

講師「上司から毎日、挨拶をしましょう」

参加者Aさん（首をかしげる）

講師：参加者の感情のサインをスルーする

このように一人でも首をかしげたら、講師の話と違う意見を持っている人がいるサインです。「そんなのきれい事だよね、うちじゃ無理だよね」と内心反発しているかもしれません。

それぞれの意見は尊重しつつも、異なる意見を持つ人をそのままにしておいてはセミナーの目的が達成されませんし、参加者の期待にも沿えず、お互いマイナスです。

では、場の雰囲気をつくるのがうまい人はどうしているのでしょう。参加者の表情や態度などを観察して、参加者の否定的反応をスルーせずに、コメントで対応しているのです。

対面で「場づくり」がうまい人の話し方

講師「上司から毎日、挨拶をしましょう」
参加者Aさん（首をかしげる）
講師「もしかしたら、うちじゃ無理と思っている方、いませんか？」

こんなふうに、もし違う意見の人がいそうなら、一度、**流れを止めて話に乗れていない**

人の気持ちをフォローするのです。そのまま進めてしまうと、受講者の気持ちがどんどん離れていってしまうので、「面倒」と思わずに、丁寧に参加者の気持ちをフォローすることがポイント。これで、少しずつ参加者が講師の提案を聞こうという気持ちになります。

対面のリアルなセミナーや講演は、こうして講師と参加者がつくり上げていくライブ感が醍醐味です。対面なら、ほかにも何か言いたそうだなという人を見つけたら質問をして発言してもらう、ワークを通じて発散してもらうなど、臨機応変にフォローしていきましょう。

*

しかし、オンラインだと一人ひとりの様子がわかりにくいので、サインを見過ごしてしまうかもしれません。そこで、オンラインではあらかじめ違う意見が出やすそうな個所を予見し、**「先まわりして」参加者の気持ちを代弁しておく**ことをおすすめします。

オンラインで「場づくり」がうまい人の話し方

講師「上司から毎日、挨拶をしましょう。こう言うと、うちじゃ無理と思う方もいるかもしれませんが、効果を聞いたら、きっと試したくなるはずです」

このように参加者の気持ちを先まわりして代弁しておくと、「気持ちをわかってくれているんだ」と、こちらの話にも耳を貸してもらえます。

ほかにも、こんなフレーズで先まわりをしてはいかがでしょうか？

「そんなこと百も承知だと思うかもしれません。実際、私もそうでした……」

「自分は業種が違う、業態が違うから関係ない、当てはまらないとお思いかもしれませんが、原理原則をお伝えするので、すべての方が活用できます」

反対意見や違う意見を述べてくれた人には、丁寧に対応しましょう。セミナーは一期一会、相互尊重で、ぜひ参加者と一緒に建設的な時間をつくりたいものです。

POINT!

対面では、
受講者を観察して気持ちをフォローし
オンラインでは、
先まわりして気持ちを代弁する

6 部下や若手が急にやる気になる、効果的なフィードバックとは？

普段の仕事や会議などで、気づいた点を伝え、改善策をアドバイスするフィードバック。しかし、せっかく伝えてもメンバーや受講者の改善が見られない、ということはありませんか？　もしかしたら、本人のやる気を促す言い方になっていないのかもしれません。

「部下へのフィードバック」がうまくない人の話し方

「さっきのプレゼンだけど、ベネフィット（利益）がわかりにくかったよ」

こんなふうに、悪いところだけ指摘されてはやる気が削《そ》がれます。フィードバックはダメ出しではありません。成長を促すためにモチベーションを高め、能力を向上させるアドバイスを行うことです。

では、やる気を促すにはどう伝えればいいでしょうか？　それには**「もっと良くなるために」とポジティブな言葉で、聴く態勢をつくってから伝える**のです。

対面で「部下へのフィードバック」がうまい人の話し方

「さっきのプレゼン、ベネフィットがわかりにくいから、さらに良くなるために、お客様の声を加えて具体的に伝えるといいよ」

こんなふうに「もっと良くなるためには」「さらにブラッシュアップするために」というプラスの表現で聴く態勢をつくってから、具体的なアドバイスを送るのです。

いくらいいアドバイスでも、聴くかどうかは相手の気持ち次第。もし耳の痛いことを言われそうだと思えば、傷つきたくないので耳を塞いでしまうかもしれません。反対に、プラスのアドバイスが聞けるとなれば、素直に耳を傾けるものです。何より相手を聴く態勢にすることが肝心です。

＊

オンラインでは、さらに感情的な部分を丁寧に扱うことがポイントになります。そこで、感情的な反発を和らげるために、**まずは良い点をほめてからアドバイスをする**のです。ほめるとは相手を認めることであり、承認の合図なので、「自分のためを思ったアドバイスだ」と気づいてもらえます。

オンラインで「部下へのフィードバック」がうまい人の話し方

「プレゼン、だいぶ話し方が堂々としてきたね。良かったよ。もっと良くなるために、ベネフィットがわかりにくかったから、お客様の声を加えて具体的に伝えるといいよ」

もちろん、この「良い点＋もっと良くなるために＋アドバイス」の言い方は、対面でも効果的です。常に観察をして変化を見つけて伝える。こうしたさりげない言葉の積み重ねが上司と部下、講師と受講者の関係づくりには欠かせません。

セミナーや研修の場合でも活用できます。

例えば、プレゼン研修だとしましょう。

「模擬プレゼン発表では、明瞭な話し方で大変聞きやすかったです。（ほめる）
さらに良くなるために、1点、申し上げます。（プラスのキーワード）
せっかくのベネフィットが抽象的でわかりにくいので
お客様の声を入れて具体的にイメージできるようにしてみませんか？（改善点と改善策）」

フィードバックの効果を高めるポイントが2つあります。

1つは、この例のように**改善点と改善策をセットで伝える**こと。フィードバックはコーチングではありませんので、相手に考えさせ、答えを導く支援というよりは、再現性の高い改善策を具体的に示して成功体験に導くことを重視します。

例えば、うまく話がまとまらないメンバーに、

「このフォーマットを使ってトークシナリオをつくると要点がまとまるよ。来週一緒にお客様を訪問する時、それで説明してみたら？　何かあればフォローするから大丈夫」

という伝え方です。

2つめのポイントは、**フィードバックは1回につき1つを基本にする**こと。一度にたく

さんのことを言われても受け取れません。「あっ、もう1つ言っておきたいことがあって」という追加型もやる気を損ねてしまいます。もし、複数のフィードバックがある場合には、

「3つ、アドバイスしてもいいですか？」

と事前に伝えるといいでしょう。

特にテレワークだと、オフィスのように気軽に相談をしにくいものです。ぜひ、うまいフィードバックでやる気を促しながら人材育成につなげてください。

POINT!

対面では、「もっと良くなるために」と伝え
オンラインでは、良い点を先に伝えておく

7 セミナーや講演でスピーチ。緊張でグダグダにならない「たった1つの方法」

セミナーや講演で人前に立つと、緊張してしまう方は多いと思います。みなさんはいかがですか？

緊張の原因はいくつかありますが、その中の1つが、人の目や評価を気にしすぎることです。

緊張でうまくいかなくなる人の話し方

他人の目や評価を気にしすぎる

実際に私の主宰する話し方講座には、緊張してうまく話せなくなるのを何とかしたいという方が多くいらっしゃいます。理由を聞くと、「受講者や担当者の評価が気になる」「自分の話がつまらないと思われているのではないかと不安になる」という答えが返ってきます。人の目を意識しすぎることが緊張の原因です。

では、こうした「人の目が気になる病」から抜け出して、人前でも堂々と話せるようになるにはどうしたらいいでしょうか？

それには、**見せたい自分を決める**ことです。

対面で緊張せずにうまくいく人の話し方

自分をどう見せたいかを決めて話をする

セミナーで大勢の前に立つ時や、昇格、転職で新しい人に囲まれた時、就職面接など、普段よりプレッシャーを感じる場面では、少なからず人の評価を意識してしまうものです。

そんな時は、自分で自分をどう見せたいか、つまり、どうありたいかを決めて、そのための行動を習慣化していけば、自然と自信がつき、緊張に強い体質に近づけます。

具体的な方法として、スマートフォンで話す様子を動画に撮って見直す、録音をして話し方を聞き返して理想に近づけていく、といったことをします。こうして毎日の練習でコツコツと習慣化していくのです。

実際に、筆者のプレゼン講座を受講してくださった管理職、士業、コンサルタント、講師を目指す方たちは、人前で話す際に緊張しにくくなって、むしろ人前に立つのが楽しみに変わり、セミナーやプレゼンでも成果が出せるようになったと喜んでいただいています。

＊

オンラインセミナーやプレゼンでは相手が無表情だったり、反応が薄かったりして本当に伝わっているか不安になるという相談が増えました。特にオンラインだとＰＣ画面に相手の顔が大きく映るので、対面以上に無反応が気になります。そんな時こそ相手の表情に一喜一憂せずに、自分がありたい姿でいることが大切です。

オンラインで緊張せずにうまくいく人の話し方

相手の反応に一喜一憂せず、自分がありたい姿で話をする

そもそも、日本人は無表情の方が多いものです。アメリカ映画でも日本人役はだいたい無表情。だから相手が無表情で反応が薄いからといって一喜一憂しなくても大丈夫です。

私もオンラインセミナーを担当した際に、最後まで無表情だった方のアンケート結果が「大変良かった」と高評価なことがよくあります。

一方、ある講師がオンライン研修で受講者に大きなリアクションを強要したため、顰蹙《ひんしゅく》を買ったという失敗談も聞きました。

だからといって、オンラインは相手の反応を無視してもいいというわけではありません。過敏になりすぎないことです。

自分がありたい姿でいる、と言うときれい事に聞こえるかもしれません。しかし、これこそが、人前で堂々と話せる人の共通点です。

リーダーとして、講師として自分はどうありたいかを常に考え、行動することで、周囲が気にならなくなります。

では、自分がありたい姿でいるためには、どうすればいいのでしょうか？

先ほどお伝えした「動画を撮影しながら練習する」方法に加えて、もう1つ提案するならば、使う言葉を選ぶことです。

夏目漱石もこんな言葉を残しています。

「表面を作るという事は内部を改良する一種の方法である」

内面的な思考、表出する言葉、両面から「ありたい姿」を目指す。私自身、まだ道半ばですが、日々、言葉を選びながら過ごしています。

実を言うと、新人アナウンサーのころは毎回、緊張の連続でした。

原因は自意識過剰と、他人にどう見られているかという評価ばかりを気にしていたからです。

緊張をして自分らしさがまったく発揮できず、番組後に後悔ばかりしていたのです。

しかし、生死に関わる事件、災害、事故の取材に出るようになると、「自分に伝える資格があるのか？」を自問自答する場面に何度も遭遇するようになりました。

そんな経験をしていくうちに、私の中で「女子アナ」という仕事に対する考え方、自分のあり方に変化が起こってきたのです。

どう見られるか、よりも「取材先にも視聴者にも信頼される人でありたい」。そう強く思うようになったのです。

自分のあり方が決まると、人の目が気にならなくなります。緊張もしなくなりました。気がつけば、いつの間にか仕事の依頼も増えて、充実したアナウンサー生活を送ることができていたのです。

みなさんも人前で話す時には、ぜひ自分のありたい姿を意識してみてください。

オンラインでは特に相手の反応に一喜一憂せず、自らが率先して目指すべき自分をつくり上げ、場の雰囲気を高めていきましょう。

POINT!

対面では、自分で見せ方を決め
オンラインでは、
自ら率先して雰囲気をつくる

第6章

オンライン場面別、うまくいくシナリオ例

営業セミナー
商材のデモンストレーション
採用面接での自己PR
……

さあ、ここまで対面でもオンラインでもうまく話す方法をご紹介してきました。使えそうなものや試したいものはありましたか？　オンラインを積極的に活用している方もいれば、これからやってみようという方もいると思います。

そこで、最後の章では、はじめてでも失敗しない、

「オンラインでの営業セミナーのシナリオ」
「商材のデモンストレーションの冒頭コメント」
「面接を受ける時の自己ＰＲ」

の３つについて、事例を挙げました。

事例1　オンラインでの営業セミナーのシナリオ

マーケティングにおける購買行動モデルとして有名なのが、**ＡＩＤＭＡ《アイドマ》の法則**です。

消費者が物を購入する時には**「Attention：注意→Interest：興味→Desire：欲求**

→Memory：記憶→Action：購入」の流れを無意識に行っているとされています。これらの状態の頭文字を取って「ＡＩＤＭＡ」と名づけられています。

これからオンラインセミナーの導入を検討している企業や個人事業主の方は、広告や案内、紹介などで認知してもらった「見込み客」に対して、ＡＩＤＭＡのうちの「興味」の部分を高める目的で行ってみましょう。

この段階では、このサービスや商材は自分に必要だと気づかせることがセミナーの目的となります。

そのため、ここでのポイントは**いきなり商材の特徴を説明しない**ことです。内容的には8割程度が動機づけ、2割が商材の説明で、ゴール設定は、もっと知りたいという方を個別相談につなげること。時間は30分程度を想定しています。

【コメント例】

みなさん、本日はお忙しい中、ご参加いただきありがとうございます。

このセミナーでは、テレワーク中の従業員エンゲージメントを高めるオンラインツールをご紹介します。御社の生産性向上のヒントになればうれしいです。

さて、みなさんの会社ではテレワークを実施していますか？

弊社では、出社率を50％以下に抑えています。テレワーク導入企業のよくあるお悩みとして、従業員のパフォーマンス・モチベーション低下のリスクが挙げられます。そこで今回は、テレワークでも社員エンゲージメントを高めるサービスをご紹介します。

↓セミナー目的・社会的ニーズ・相手視点でのメリット

では、本日の流れです。はじめに〜、次に〜〜

↓流れを伝える

最後にアンケートに答えていただくと本日の資料をダウンロードしていただけますので、ぜひ最後までお付き合いください。

↓最後まで参加してもらうように促す

最初に、弊社について簡単にお話しさせてください〜

↓会社紹介（第1章40〜45ページ参照）

さて、働き方が多様化する中、従業員エンゲージメントを強めるために今、注目されているのが企業理念浸透です。

企業理念が浸透し、明確になっている状態であれば、社員一人ひとりの帰属意識が高まり、自発的な行動意欲を発揮することにつながります。

それこそが、リモートワークでも成果を上げることのできる会社・従業員のあるべき関係なのです。

この従業員エンゲージメントは、おもに、

①企業の方向性に対する理解
②帰属意識
③行動意欲

の３つで構成されると言われています。本日は、③の行動意欲について注目します。

→提案の社会的背景

では、ここで問題です。どちらかお答えください。あなたの仕事へのモチベーションは「賃金報酬」と「貢献報酬」、どちらが強いですか？　１つ選んでアンケートにお答えください。

…………。

ありがとうございます。結果が出ました。だいたい半々ですね。

↓アンケート機能を使い、質問を出してコミュニケーションを図る

みなさんご存知のように、人が働く意欲は、賃金などによる報酬と、貢献しているという意味づけ報酬の2つのバランスが大事です。しかし、テレワークでは、この言葉による意味づけ報酬がなかなかできないのが現状です。

この「貢献報酬」は「ありがとう」という感謝の言葉でつくられると言われています。そこで、この感謝の気持ちをスコア化してメンバー同士やりとりするのが弊社のアプリです。

すでに100社以上導入していただき、テレワーク中でもメンバー同士のコミュニケーションが「見える化」され、チーム生産性の向上につながっていると報告を受けています。

↓サービス概要紹介

いくつか導入事例をご紹介します。～（事例紹介）～

↓事例紹介をしてイメージを膨らませる

いかがでしょうか？　では、チャットにいただいたご質問にお答えします。

↓質疑応答

みなさま、本日は最後まで積極的にご参加いただきありがとうございました。
本日の資料はアンケートにお答えいただくとダウンロードできます、ぜひアンケートにお答えください。また、個別相談や具体的なデモンストレーションでアプリの使い方のご紹介もしていますので、ご希望の方にはご案内をお送りします。

ありがとうございました。
それでは、以上で本日のセミナーを終了いたします。

（終了）

ウェビナーの場合は、ここで締める。
Ｚｏｏｍのセミナー機能なら、一度締めてから、

「私はまだしばらく残っていますので、個別にご質問があればお受けします」と言って、希望者がいれば個別質問を受ける。

事例2　商材のデモンストレーションでの冒頭コメント

ＩＴ企業では、デモンストレーションをオンラインで行う場合も多いようです。その際にお客様のカメラ、マイクがオフになった状態で、技術者が一人しゃべりで進めていくため、やりにくいというご相談をいただきます。

そこで、プレゼンテーションが進めやすくなる冒頭部分の例をご紹介します。ぜひアレンジしてお使いください。

【プレゼン冒頭部分例】

こんにちは。本日は、お時間をいただきましてありがとうございます。

これから弊社のシステムのご紹介をします、担当の技術部門の○○です。

本日は、全体で30分程度を予定しています。

進め方は、３部構成です。

はじめに、ご要望の確認をさせてください。その際に追加のご希望があればお知らせください。

次に、御社に提案中のシステムBについてデモンストレーションを行います。

最後に質疑応答の時間を取らせていただきます。
→いきなりデモに入らず、最初に「ご要望の確認」を入れてお客様と話す時間をつくります。先方が期待する方向性を把握できます。

ただ、デモンストレーションの途中でも、質問があればチャットにご記入いただければお答えします。システム上、私からみなさまの様子を拝見できないので、なるべくわかりやすくお伝えするようにしますが、万が一、早くて聞き取れない、通信の関係で音が聞こえない時にも、チャットに書いて教えていただければ幸いです。

デモンストレーションは15分を予定しています。それでは早速、ご要望のご確認から行います。
→目安時間を伝えておくと、相手の集中力が持続します。

事例3　採用面接での自己PR

オンライン面接は、実績など数字は履歴書でアピール、人間力は話し方でアピールします。

優秀な人であっても、オンラインでの印象を意識しないと損をすることがあります。オンラインでは、画面の中でしか自己表現できないので、何より印象が大事です。そのため映り方、話し方は、ぜひここまでこの本でお伝えしてきたノウハウを参考に、しっかり準備をしてください。

特に対面の3割増を意識して話し方のトーンを明るく、滑舌を良くし、抑揚をつけないと「コミュニケーション能力が乏しい」と取られてしまいます。

また、キャリアアップでの転職採用面接では、担当者は即戦力として企業風土、ポジションにマッチしているかを、採用後をイメージしながら見ています。そのため、履歴書には「リーダーシップが強み」と書いてあるのに暗いトーンで話すなど、自己PRの内容と話し方、表情の印象がミスマッチにならないようにしましょう。

オンラインだと手元が映らないので、自己PRや志望動機原稿を手元に置いて読む人がいますが、原稿に頼ってしまうと感情が伝わりにくくなってしまうので、基本的にはおすすめしません。

面接は、**発表の場ではなく、あくまで「対話」の場**です。志望動機は？　と聞かれたら一方的に話し続けるのではなく、端的に要点を伝えて質問を受け、それに答える、というリズムを意識しましょう。担当者との意思や感情の疎通がうまく図れる人だとアピールしてください。

実際に、コロナ禍にオンライン面接を受けていて、話し方をブラッシュアップした結果、評価が大きく改善されてキャリアアップ転職に成功した方もいらっしゃいます。

ここでは、自己PRを第1章の40〜45ページでご紹介したストーリー構成を使って作成してあります。

【コメント例】

採用担当者「では、自己PRをお願いします」

応募者「はい、私は15年間の広報経験から御社のブランディングで企業価値向上に努めていきたいと考えています」

→相手視点での自分の価値を結論先行で伝える

（ここからストーリー開始）

「と言いますのも、現職企業の創業メンバーとして参加しましたが、業界では後発ということで、なかなか認知されないという課題がありました。

→①以前の状況

そこで、企業ＰＲを戦略的に仕掛けました。

→②転機

なかでも業界に先駆けたＳＤＧｓプロジェクトが各種メディアに大きく取り上げられたのが起爆剤となり、大きく認知されるようになりました。

→③選択と行動

おかげさまで業界シェアも大きく伸ばし、「好感度」が高い企業というブランド構築にも成功、営業や採用両面で効果を発揮しています。

↓④良い結果

御社でも広報チームの主軸を担い、メンバーとともに価値向上に努めていきたいと考えています」

↓⑤明るいビジョン

いかがでしたでしょうか？

ぜひ、このシナリオをベースにご自身でアレンジして、うまく活用してみてください。

おわりに

この本を手に取っていただき、本当にありがとうございました。

仕事柄、これまで著名人、経営者や専門家、リーダーとして活躍されている方たちの話を聴く機会が多くありました。その中で、仕事ができる人の話し方には、ある共通点があることに気づいたのです。

本書を読まれた方ならもうおわかりかと思いますが、そのポイントをひと言で言うと**「相手視点に変換して話すこと」**です。

そうした考えに至るには、数々の失敗からの学びがありました。

例えば、講師の仕事を始めたころ、ある講師オーディションに参加したときのことです。複数の研修会社担当者を前にプレゼンをする場でしたが、そこで、こともあろうに私は10分の持ち時間で自己紹介に7分も使ってしまったのです。もちろん大失敗でした。

担当者が知りたいのは、自社のクライアントのニーズにマッチしたコンテンツを提供してくれるかどうか。そこを完全に見落として、自分の話に没頭してしまったのです。フィードバックで「あなたのことより、研修効果を聞きたかった」と言われました。

話し方のプロを自認していた私でしたが、この失敗で、どれだけ自分勝手な話し方をしていたかに気づきました。そして、それからは「相手視点に変換して話すこと」を徹底するように意識しました。すると提案がスムーズにいくようになったのです。


ビジネスパーソンは、プロの話し手になるわけではないので、アナウンサーのように流《りゅう》暢《ちょう》に話せる必要はありません。「相手視点に変換して話すこと」で、仕事で成果を出すことが大事です。

どうぞ、本書を参考に、「相手視点」を意識して、対面、オンラインで話し方を上手に使い分けてください。そして「話し方」で人とつながり、明るい未来を切り拓いていただけたらうれしいです。

大丈夫、きっとうまくいきます！

阿隅和美

面接・面談

上司への提案

部下への指示・フィードバック

会議・ミーティング

セミナー・研修・スピーチ

[困った時にすぐ引ける！ ビジネスシーン別索引]

※本文の見出しとは必ずしも一致していないものもあります。

著者紹介

阿隅和美　（あすみ　かずみ）

WACHIKAコミュニケーションズ株式会社 代表取締役。青山学院大学経営学部卒業。中部日本放送アナウンサーを経て、NHK衛星放送キャスターとして、株式市況、世界のトップニュースを10年担当。20年にわたり、スポーツ、経済、情報番組に関わり、あらゆるジャンルの人々の「声」に触れてきた豊富な経験を持つ。アナウンサー名：瓶子和美。現在は、TV現場で培った技術を活かし、のべ1万5000人以上に対して、ビジネス現場でコミュニケーション力を発揮し、成果を出す人材を育成する研修、講座、講演を行っている他、経営層・管理職、エグゼクティブリーダー向けプレゼン・スピーチのパーソナルトレーニングやコンサルティングなどを実施している。著書に『心をつかみ思わず聴きたくなる話のつくり方』（日本能率協会マネジメントセンター）があり台湾でも翻訳されている。
ホームページ：https://wachika.com

仕事《しごと》ができる人《ひと》の話《はな》し方《かた》

2021年6月1日　第1刷

著　　者　阿《あ》隅《すみ》和《かず》美《み》

発 行 者　小澤源太郎

責任編集　株式会社 プライム涌光
電話　編集部　03(3203)2850

発 行 所　株式会社 青春出版社
東京都新宿区若松町12番1号 〒162-0056
振替番号　00190-7-98602
電話　営業部　03(3207)1916

印　刷　中央精版印刷　　製　本　大口製本

万一、落丁、乱丁がありました節は、お取りかえします。

ISBN978-4-413-23203-6 C0030

自分の中の「親」を浄化する本
親子呪縛を今こそ、解き放つ――
原田真裕美

思考実験が教える
あなたの脳の鍛え方
「強み」と「弱み」を知ると思考の幅が広がる
北村良子

大学受験
試験にでる小論文
「10大テーマ」の受かる書き方　最新版
樋口裕一　山口雅敏

部下を育てるテレワーク
新しい上司の教科書
片桐あい

「独学」で人生を変えた
僕がいまの君に伝えたいこと
千田琢哉

青春出版社の四六判シリーズ

元捜査一課刑事が明かす手口
スマホで子どもが騙される
佐々木成三

保健室から見える
親が知らない子どもたち
大人が気づかない、意外なこころの落とし穴
桑原朱美

心療内科医が教える
疲れた心の休ませ方
「3つの自律神経」を整えてストレスフリーに！
竹林直紀

あなたの意のまま願いが叶う☆
クォンタム・フィールド
神秘とリアルをつなぐ量子場の秘密
佳川奈未

他人に気をつかいすぎて
疲れる人の心理学
こんなにやっているのに、なぜ分かってくれないんだろう…
加藤諦三